Guía para el docente y solucionarios

Acondicionamiento físico en sala de entrenamiento polivalente

ic editorial

Editado por: IC Editorial
c/ Cueva de Viera, 2, Local 3
Centro Negocios CADI
29200 Antequera (Málaga)
Teléfono: 952 70 60 04
Fax: 952 84 55 03
Correo electrónico: iceditorial@iceditorial.com
Internet: www.iceditorial.com

Guía para el docente y solucionarios:
Acondicionamiento físico en sala de entrenamiento polivalente

1ª Edición

ISBN: 979-13-7027-164-0
Depósito Legal: MA 380-2026

Impresión: PODiPrint
Impreso en Andalucía - España

Índice

Bloque 1

Guía para el docente: técnicas de enseñanza y aprendizaje

Contenido

1. Introducción

El presente capítulo está destinado a ofrecer al cuerpo docente responsable de la enseñanza del programa de cualificaciones profesionales y certificados de profesionalidad, una guía metodológica para obtener el máximo rendimiento de los contenidos formativos que han sido desarrollados para el presente título.

La mejora de las habilidades comunicativas y la aplicación de una metodología contrastada de enseñanza, aprendizaje y evaluación permitirá transmitir el conocimiento y adquirir el programa formativo de la forma más efectiva y práctica posible.

Estudiaremos cuáles son los principales elementos que forman parte de la comunicación profesor-alumno, a través de una cuidada selección de sistemas de planificación de estrategias didácticas, así como la utilización de medios y recursos didácticos.

La integración de todas las actividades planificadas alrededor de un plan de formación adaptado e individualizado, aumentará además la satisfacción del alumnado por la utilización de un sistema no lineal e interactivo que se retroalimenta gracias a la relación establecida entre la propia metodología y los actores que forman parte de la enseñanza.

2. El programa de formación

Una de las claves del éxito de la mayoría de las actividades que se realizan en general, y concretamente en la formación, es la **programación.** Es necesaria la programación de las acciones formativas, para que así se pueda alcanzar el objetivo final, es decir, que el alumno obtenga una buena capacitación y adquiera nuevos conocimientos en su repertorio y que, después, sea capaz de emplearlos en su trabajo.

2.1. Definición de programación

Cuando se habla de **programación,** se pueden encontrar multitud de definiciones. Para sintetizar, se podría definir como la actividad de enunciar lo que se quiere hacer (objetivos, contenidos, métodos, temporalización, medios y recursos didácticos y evaluación).

Definición

Programación
Es un plan donde se establecen las acciones que se van a realizar en un proceso de enseñanza-aprendizaje, por medio de un formador o un equipo.

A continuación, se va a describir una serie de características que tiene que tener una programación didáctica:

- Dinámica. Una programación no es estática ni está acabada, siempre está en constante revisión, de ahí su dinamismo. Además va cambiando o evolucionando según los resultados de la evaluación continua que se va realizando durante la ejecución de la acción.
- Flexible. Esta característica permite que se puedan hacer cambios, ampliaciones, reducciones y actualizaciones de los contenidos y actividades programadas, según las necesidades que se observen.
- Creativa. La programación como es un diseño propio y exclusivo, exige creatividad y originalidad. El docente es el que decide sobre el quehacer en el aula teniendo en cuenta las características del grupo, las necesidades que se pretenden satisfacer y las propias posibilidades.
- Prospectiva. La programación consiste en hacer un pronóstico de la interacción que se va a producir en el aula.

- Sistemática. La programación es un proceso sistematizador que da coherencia a la acción formativa, ya que tiene en cuenta todos los elementos (objetivos, contenidos, métodos, temporalización, medios y recursos pedagógicos y evaluación) que intervienen en el acto educativo y analiza sus relaciones.
- Integradora. Permite integrar elementos de cualificación técnico-profesionales con elementos de cualificación personal de alumnado.
- Funcional. Toda programación debe basarse en el perfil profesional de la ocupación y estructurar los contenidos formativos que proporcionan las competencias de ésta.

2.2. Elementos de la programación

Antes de empezar cualquier programación formativa, es necesario tener en cuenta los datos obtenidos del análisis de la ocupación y del grupo al que se dirige la acción formativa. A partir de esta información, se determinan los elementos que van a conformar la programación.

Cuando se realiza la programación de un curso, hay que plantearse previamente las siguientes preguntas:

1. ¿Qué quiero conseguir con la formación?	**OBJETIVOS**
2. ¿Qué conocimientos deben asimilar los alumnos para alcanzar los objetivos propuestos?	**CONTENIDOS DEL CURSO**
3. ¿Cómo trabajamos en el aula? ¿Qué actividades son las que realizamos?	**MÉTODOS DE ENSEÑANZA**
4. ¿Cuánto tiempo tengo y cuánto dedico a cada módulo?	**TEMPORALIZACIÓN**
5. ¿Qué medios y recursos didácticos se necesitan para poder llevar a cabo esas actividades?	**MEDIOS Y RECURSOS DIDÁCTICOS**
6. ¿Cómo sabemos que se ha producido el aprendizaje?	**EVALUACIÓN**

3. Factores determinantes de la efectividad de la comunicación en el proceso de enseñanza-aprendizaje

En toda comunicación que se produzca en el proceso de enseñanza-aprendizaje, existen factores determinantes que obstaculizan o refuerzan este proceso.

3.1. Obstáculos de la comunicación

Relacionados con el emisor

- No expresar de forma clara qué mensaje se quiere transmitir.
- Comentar algo a lo largo de la explicación que no sea lo correcto y pueda resultar desagradable.
- Cambiar el tema de conversación.
- Desviarse del tema que se está tratando.
- No mirar al receptor cuando se quiere expresar algo.
- No estar atento a las señales que emite el receptor.
- Expresar alguna idea a través de los gestos que no se corresponda con la idea a comunicar.

Relacionados con el receptor

- No comprender las ideas que quiere expresar el emisor.
- No pedir explicación al emisor de aquella información que no le haya quedado clara.
- Interrumpir al emisor cuando está hablando.
- Captar algo diferente a lo que el emisor desea transmitir.

Relacionados con el mensaje

- Mensaje confuso.
- Mensaje muy corto.
- Mensaje muy extenso.
- Abuso de muletillas.
- Utilización de frases sin terminar.
- Dar "rodeos" para decir la idea principal.

Relacionados con el contexto

- No ser el momento adecuado para transmitir algo.
- No saber escoger el lugar oportuno.
- La presencia de ruidos y de interferencias.
- No pensar en las personas que están cerca.

Relacionados con el código

- No utilizar el mismo código que la persona con la que se habla o a la que se escucha.
- No adaptar el vocabulario a la situación o a la persona con la que se conversa.
- Utilizar el doble sentido.

3.2. Sugerencias para el mejor funcionamiento de la comunicación

Emisor

- Acostumbrarse a planificar la comunicación.
- Concretar visiblemente los objetivos.
- Buscar la retroalimentación en la comunicación.
- No tratar de impresionar al receptor.

Mensaje

- Que sea claramente entendido por el receptor.
- Que la terminología usada sea de referencia común.
- Que reclame la atención y el interés del alumnado.
- Que sea sencillo de interpretar.
- Que su contenido sea adecuado y convincente.
- Que produzca el máximo efecto posible.

Canal

- Que sea el más apropiado al grupo al que se dirige, al contenido del mensaje y al objetivo que persigue el formador.
- Que sea el que cause mayor impacto en el receptor.
- Que sea el más eficaz.
- Que sea el que mejor domine el formador.

4. La comunicación verbal y no verbal en el proceso instructivo

Los medios de comunicación pueden agruparse en dos grandes bloques: los **medios verbales,** que son aquellos que usan la lengua como código compartido; y los **medios no verbales,** que son los que se fundamentan en otros códigos simbólicos. A su vez, dentro de los medios verbales, están el medio escrito y el medio oral.

Cada uno de estos medios tiene sus ventajas y sus inconvenientes, por lo que la selección del medio deberá tener en cuenta las circunstancias y características que en cada caso presenta el comunicador, la audiencia y el mensaje que se ha de transmitir.

4.1. Los medios verbales

La comunicación verbal

La comunicación verbal se utiliza para comunicar ideas o dar información, opiniones, expresar o describir sentimientos, etc. Sirve de vehículo a los contenidos explícitos del mensaje. Para garantizar la efectividad de la comunicación, es necesario que el mensaje se presente de forma descriptiva y operativa, pero siempre teniendo muy en cuenta el código común del grupo al que va dirigida esta comunicación.

Un uso correcto del lenguaje oral ayuda a acercarse más a los alumnos. Los principales aspectos a considerar son los que aparecen a continuación.

Construcciones gramaticales

El objetivo será transmitir el mensaje de la manera más clara posible. Se deben evitar los giros rebuscados, la sintaxis complicada y las metáforas. En las explicaciones y conversaciones debe primar el contenido sobre la forma.

Vocabulario

Es importante saber qué palabras van a expresar mejor los conceptos que se desean transmitir y las que pueden ser comprendidas mejor por los alumnos. El análisis previo de los alumnos ayuda a saber qué términos técnicos se pueden utilizar sin problemas, cuáles se tienen que explicar y cuáles se deben evitar.

En general, siempre hay que mantenerse dentro de un lenguaje formal, evitando los vocablos demasiado coloquiales, las palabras extranjeras, las referencias académicas y expresiones de carácter religioso, político, deportivo o cultural, que pueden resultar agresivas para los alumnos.

Ejemplos

Los conceptos abstractos que pueden aparecer y que dificultan la adquisición de los contenidos, tienen que ser expresados mediante las explicaciones del formador, siempre apoyándose en la visualización.

La comunicación escrita

La comunicación escrita posee un carácter más veraz que la oral. La interacción que tiene lugar entre el emisor y el receptor no es inmediata, en algunas ocasiones no llega a producirse jamás. Este tipo de comunicación ofrece más oportunidades expresivas y mayor complejidad gramatical, sintáctica y léxica. También hay que tener en cuenta que a veces dificulta la expresión y/o puede no proporcionar *feedback* de manera inmediata.

4.2. Los medios no verbales

Al igual que las palabras, los elementos de la comunicación no verbal son signos que representan una idea (se excluyen todos los signos lingüísticos).

A diferencia de la comunicación verbal, su función no se centra sólo en la transmisión de contenido, sino que traspasa esa frontera para expresar también las emociones del emisor, controlar la interacción y proporcionar *feedback* del efecto que el mensaje produce en el receptor. Todas estas funciones son muy útiles para el formador, tanto en su tarea de transmisor de conocimientos como en la tarea de motivar y dirigir al grupo.

A continuación, se detallan las diferentes categorías en las que se agrupan los elementos de la comunicación no verbal.

Kinesia

Posturas

Una de las primeras cosas que el formador debe transmitir a sus alumnos es confianza y seguridad, lo que puede conseguirse a través de una postura erguida (sin llegar a ser arrogante), de pie, apoyándose sobre los dos pies y manteniendo la cabeza alta.

Esta postura es útil, especialmente durante la presentación del curso, porque ayuda a relajar el cuerpo, a facilitar la respiración y a controlar las muestras de nerviosismo, al tener un buen apoyo en el suelo.

A medida que avanza el curso, se pueden adoptar otras posturas que faciliten el descanso (apoyarse), el acercamiento (echar el cuerpo hacia delante) o que resten protagonismo (sentarse).

Gestos

Los gestos son un buen aliado del formador, excepto cuando éste se siente incómodo o nervioso. Gestos de carácter adaptador, como rascarse o colocarse la ropa, pueden delatar su estado emocional.

La mayoría de los gestos cumplen la función de reforzar el mensaje verbal (ilustradores), aunque existen otros cuya función es regular las intervenciones cuando se dirige una discusión de grupo.

Expresiones faciales

Las expresiones de la cara transmiten las emociones y permiten obtener fácilmente una respuesta del alumno.

Una expresión facial agradable, como una sonrisa no forzada, facilita la creación de un ambiente relajado en el aula. Una sonrisa puede ser muy útil también para romper la tensión que inevitablemente surge en algunas sesiones.

Mirada

La mirada, junto con la postura, es uno de los mejores métodos para transmitir confianza (en momentos de nerviosismo se tiende a apartar la vista) y para captar la atención de los alumnos.

Mientras el formador habla debe mantener la mirada sobre los alumnos la mayor parte del tiempo, mirándolos el tiempo suficiente como para que se sientan atendidos pero no incómodos. También se puede utilizar la mirada durante las discusiones de grupo, con una función reguladora de las distintas intervenciones.

Desplazamientos

Realizar desplazamientos en el aula capta la atención del alumnado, además de facilitar el contacto visual. Hay que procurar que no sean repetitivos o bruscos (pasear cerca de los alumnos), y cambiar de un recurso a otro (ir de la pizarra al retroproyector), etc.

Recuerde

Los recursos no verbales que estudia la Kinesia son:

- Posturas.
- Gestos.
- Expresiones faciales.
- Mirada.
- Desplazamientos.

Estos recursos pueden utilizarse tanto para reforzar lo que se expresa mediante la comunicación verbal como para sustituirlo.

Proxémica

El aspecto de la proxémica que más interesa es la proximidad física entre los individuos, ya que los alumnos pueden sentirse violentos si el formador se aproxima excesivamente a ellos o, por el contrario, verle distante si no se acerca.

Se debe prestar atención a este aspecto, tanto durante las intervenciones como al distribuir el espacio del aula que se va a emplear, evitando siempre que los asientos estén demasiado juntos o demasiado separados.

Paralingüística

Para captar la atención del público, los oradores suelen hacer uso de determinados aspectos como el tono de voz o las pausas, que en algunos casos pueden parecer exagerados.

El formador, aunque emplee el método de la lección magistral, no es un orador y, por tanto, no debe prestar especial atención a estos aspectos, excepto cuando le plantean algún problema, debido a la ansiedad, al cansancio o a un mal estado de salud. Practicar en voz alta y realizar grabaciones durante la fase de preparación puede ayudar a vencer estas dificultades.

Volumen

Aunque el aula sea pequeña, se tiene que realizar el esfuerzo de hablar lo suficientemente alto para que todos los alumnos oigan las explicaciones y, a la vez, transmitir confianza. En general, el volumen se ajustará instintivamente cuando se compruebe dónde se sitúa la persona que se encuentra más alejada.

Entonación

El problema más frecuente, especialmente si se está cansado, es la monotonía, que no contribuye a captar la atención ni a motivar a los alumnos.

El interés que el formador muestre por el tema y una correcta preparación le hará destacar los puntos clave y jugar con la entonación de una forma adecuada a lo largo de toda la exposición.

Pronunciación

Los problemas se presentan especialmente cuando se está nervioso o se habla demasiado rápido. Se debe hacer un esfuerzo por articular todas las palabras de manera limpia y clara, abriendo la boca lo suficiente para pronunciar correctamente las sílabas, consonantes y vocales.

Velocidad

Una velocidad correcta puede ayudar a resolver problemas de pronunciación y de entonación. Se debe hablar a una velocidad normal o algo superior, para facilitar el mantenimiento de la atención. No obstante, si se está nervioso, se puede hablar con mayor lentitud para facilitar la respiración y relajarse. También se debe reducir la velocidad cuando se expliquen conceptos técnicos complejos o cuando se espere alguna respuesta por parte de los alumnos.

Recuerde

Los elementos que trata la Paralingüística son:

- El volumen.
- La entonación.
- La pronunciación.
- La velocidad.

Proyección física

Existen determinados factores que, sin que la persona diga ni haga nada, transmiten información y hacen referencia a la imagen física que esta persona proyecta.

Es fundamental que el formador transmita una imagen positiva para los alumnos. Se debe cuidar el aspecto externo y los artefactos que se usen, como los adornos y prendas de vestir. La manera adecuada de vestir depende de la situación y siempre debe estar en consonancia con lo que cada colectivo de alumnos espera del formador.

Ejemplo

Sería negativo vestir pieles para impartir un curso cuyo objetivo fuese desarrollar actitudes positivas hacia la protección del medio ambiente.

En cualquier caso, se debe llevar ropa que resulte cómoda, bien cuidada y no demasiado llamativa. A los adornos y al peinado se aplican las mismas reglas que al vestido.

Importante

Un objetivo fundamental del formador es dirigir la atención de los alumnos hacia el contenido que está desarrollando, nunca hacia su persona.

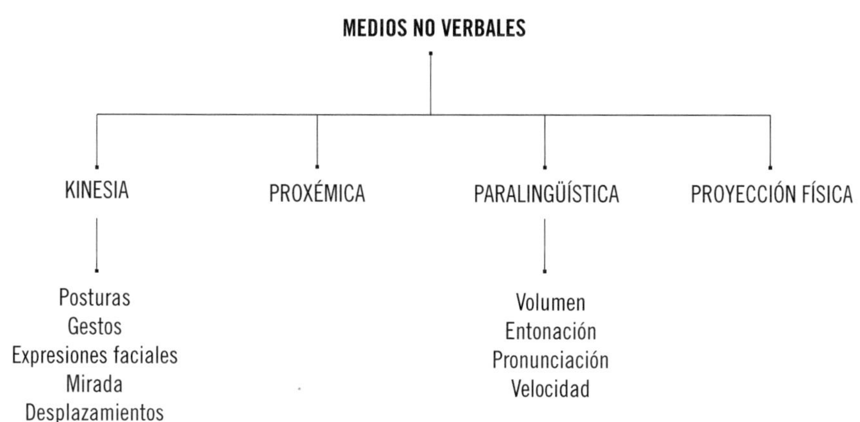

Finalmente, conviene recordar que si el formador observa atentamente la comunicación no verbal que expresan los alumnos, obtendrá una gran cantidad de información.

Hay numerosos signos no verbales que puede mostrar el alumno:

- **Atención:** posturas del cuerpo (inclinado hacia delante, hacia atrás...).
- **Necesidad de hablar:** movimientos sutiles de la boca, de la mano, etc.
- **Irritación:** movimiento de pies, manipulación de objetos sobre la mesa, etc.

- **Concentración:** tomar apuntes, mirar al docente, etc.
- **Cansancio:** cuerpo hundido, suspiros, etc.
- **Inercia:** silencios de todo el grupo, etc.
- **Desinterés:** cerrar el cuaderno, bostezar, mirar al vacío, etc.
- **Sorpresa:** levantar los brazos, abrir la boca, levantar las cejas, abrir los ojos, etc.

Si se observan estos elementos de forma atenta, se podrá obtener información sobre la comprensión del mensaje y el estado emocional de los alumnos, lo que será de gran utilidad para el formador durante el curso.

La comunicación no verbal aporta información al formador sobre los alumnos

5. Técnicas de secuenciación de contenidos

Una vez seleccionados los contenidos, hay que ordenarlos secuencialmente. La **secuenciación y estructuración de los contenidos** es el proceso que permite situarlos en una configuración que produce el máximo aprendizaje en el mínimo tiempo posible.

Algunas de las técnicas para la secuenciación de contenidos son las siguientes:

- Que los contenidos estén de acuerdo con los objetivos propuestos y con los plazos previstos para conseguirlos.

- Empezar por los contenidos más próximos y significativos para el alumno, para llegar poco a poco a lo desconocido. De esta manera, resultará más fácil introducir los nuevos contenidos.
- Ir de lo inmediato a lo remoto.
- Ir de lo concreto a lo abstracto.
- Ir de lo más fácil a lo más difícil. Esto motiva al alumnado porque le va mostrando los avances de manera rápida.

Las principales ventajas que este proceso conlleva son:

- Ayuda al participante a pasar de un conocimiento o habilidad a otro.
- Garantiza que los conocimientos y habilidades previas son alcanzados antes de introducir elementos nuevos.
- Reduce el tiempo de formación.
- Evita la confusión y los fallos en el participante.

Estos puntos son los principales aspectos a tener en cuenta cuando se realiza la presente fase de la programación de la formación, es decir, cuando se fijan los contenidos de la formación.

6. La selección y planificación de estrategias didácticas

Las personas que realizan un curso de formación son diversas, por ello es muy importante que las estrategias didácticas se adapten, de la mejor forma posible, al contexto y permitan una flexibilidad.

Definición

Estrategias didácticas
Son procedimientos que el formador emplea para facilitar el aprendizaje, con la intención de que éste sea significativo.

Tras la selección y estructuración de contenidos, llega el momento de decidir la modalidad de formación a seguir y la metodología a utilizar en su impartición. Pero esta decisión no se puede tomar arbitrariamente, sino que ha de basarse en unos criterios. Los criterios de decisión básicos para determinar qué estrategia y qué método de formación es el adecuado, son:

- La compatibilidad con los objetivos.
- Los principios generales del aprendizaje del adulto: individualización, motivación, utilidad, practicidad, intereses, etc.
- Los principios de rigor, realismo y participación.
- El carácter eminentemente aplicativo de los aprendizajes.
- La posibilidad de transferir los aprendizajes al puesto de trabajo.
- Los recursos disponibles, incluido el tiempo.
- Los factores relacionados con los participantes, como el estilo de aprendizaje, la edad, el tamaño del grupo, la motivación, etc.

Una vez escogido el método, se observa que ninguno es químicamente puro, sino que unos participan de otros. Por lo demás, todo método puede ser adecuado o inadecuado dependiendo del modo en que sea empleado.

Los formadores deben utilizar los métodos flexiblemente, de la forma que mejor se adapten al estilo de formación, a la materia y a los alumnos, complementando cada método con la técnica y recurso didáctico más acorde.

7. La selección y planificación de medios y recursos didácticos

Para realizar cualquier acción formativa, hace falta algo más que elegir y aplicar unos métodos y unas técnicas. Son necesarios los medios y recursos didácticos, que van a ayudar a desarrollar la metodología seleccionada en el aula. Los medios y recursos didácticos permiten el trasvase de información formador-alumno.

Definición

Medios didácticos
Son materiales elaborados para facilitar los procesos de enseñanza-aprendizaje.

Recursos didácticos
Son soportes mediante los cuales se presentan los contenidos del curso a los alumnos.

A la hora de escoger el medio o recurso a utilizar, se deben tener en cuenta los siguientes criterios:

- **Características de la materia o tema.** Dependiendo de la naturaleza de los contenidos, éstos pueden ser transmitidos por unos u otros métodos.
- **Los objetivos del curso.** Toda selección de medios y estrategias de enseñanza deben realizarse en función de éstos.
- **La disposición del aula y el número de alumnos.** Hay que tener cuidado, sobre todo en la visibilidad de alguno de los recursos, porque pueden perder eficacia.
- **Tiempo disponible para la formación.** Este elemento tiene que estar siempre presente, porque, en función del tiempo que se tenga, se elegirá lo que se adapte mejor a las necesidades.
- **Recursos disponibles,** ya que en algunas ocasiones están a nuestro alcance.
- **El uso que se haga de ellos,** cuál es la finalidad, qué es lo que se pretende y en qué momento se van a utilizar.
- **El nivel de conocimiento de los alumnos** sobre el tema.

Todos estos puntos se han de tener en cuenta a la hora de escoger un medio o recurso didáctico. La finalidad de éstos no es otra que la de fundamentar, apoyar y reforzar el acto formativo.

8. La planificación de la evaluación del proceso de enseñanza-aprendizaje

La aplicación de programas de formación lleva a la obtención de unos determinados resultados. Éstos serán los frutos de la formación y mostrarán el grado de eficacia y eficiencia con que se lleva a cabo la función formativa.

Los resultados indican el éxito de la formación mediante su contraste con los objetivos fijados anteriormente. Este procedimiento recibe el nombre de **evaluación,** proceso ampliamente conocido y con trascendencia reconocida para la formación. Según el proceso de evaluación aplicado, los resultados obtenidos serán reales y fiables, o bien, falseados.

Para que los resultados de la evaluación muestren con certeza el grado de éxito alcanzado con la formación, es necesario un requisito previo: el establecimiento de criterios de evaluación durante el proceso de planificación de la formación. Los criterios actúan como puntos de referencia, a partir de los cuales se valoran los resultados obtenidos.

Los criterios de evaluación han de fijarse con mucha atención, ya que determinan el proceso de evaluación, y éste juzga el grado de éxito de la función formativa.

El primer aspecto a tener en cuenta es la validez: los criterios de evaluación han de ser válidos en relación a los elementos del proceso formativo.

Los aspectos que determinan el grado de validez de los criterios de evaluación son:

- La relevancia.
- La no deficiencia.
- La no contaminación.
- Su fiabilidad.

El establecimiento de criterios válidos y fiables permitirá elaborar un proceso de evaluación de la formación que mida rigurosamente la eficacia y la eficiencia de la función formativa.

9. El seguimiento formativo

El seguimiento es un proceso continuo que sirve para evaluar la eficacia del uso de los recursos y para saber qué iniciativas se pueden emprender para mejorar el aprovechamiento de los recursos formativos.

El seguimiento, además de realizarse después de haber finalizado la planificación formativa, también se realiza antes de la acción.

9.1. Características

El seguimiento formativo permite evaluar los distintos componentes (desde los alumnos hasta todos los elementos que forman la programación) que intervienen en él durante todo el proceso de formación.

El seguimiento formativo se diferencia de la evaluación en que éste tiene que ver más con tareas organizativas, de coordinación, administrativas, etc.; sin embargo, la evaluación valora aspectos de los procesos de formación, como pueden ser la comunicación, el aprendizaje de los nuevos conocimientos, etc.

Con la realización adecuada de un seguimiento formativo:

- Se pueden **descubrir errores o desajustes** en el proceso de enseñanza-aprendizaje antes de que se realice la evaluación final para comprobarlos.
- Se pueden **corregir los errores** en el momento en el que se están produciendo.
- Además, **se detectan los aspectos positivos** que tienen lugar a lo largo de todo el proceso y las **posibles mejoras** que se pueden realizar.

El seguimiento formativo tiene que ser realizado por todas las personas que están implicadas en la realización de los cursos de formación (tutores, coordinadores, técnicos, etc.), por ello, el formador es una figura importante en el proceso de formación, ya que se encuentra implicado en él.

El proceso de formación debe estar planificado, pensado y planteado antes de que empiece la acción de formación, nunca debe llevarse a cabo de manera cerrada, sino que tiene que estar abierto a cualquier cambio que se considere necesario.

9.2. Finalidad

Son varias las finalidades que persigue el seguimiento formativo:

- Ayudar a comprender por qué ocurren algunas cosas y qué se puede hacer para intervenir en ese proceso que se está llevando a cabo.
- Identificar y solucionar los problemas que surgen a lo largo del proceso.
- Contribuir para elaborar planes de formación de manera objetiva, sin desviarse de la finalidad éste.
- Colaborar en la disminución y control del uso de los recursos materiales.
- Determinar el nivel que puede alcanzar el rendimiento y relacionarlo con el rendimiento actual.
- Diagnosticar y detectar problemas para llevar a cabo las acciones correctivas pertinentes.

9.3. Planificación

El seguimiento formativo debe planificarse antes y durante la acción formativa.

El objetivo de este seguimiento es comprobar la eficacia de la acción formativa antes de que ésta llegue a su fin, es decir, es necesario que durante este proceso todos los elementos que van a formar parte del aprendizaje estén planificados.

Los dos momentos que hay que tener en cuenta para planificar el seguimiento formativo son:

- **Antes de la acción formativa:** es necesario conocer las necesidades, el perfil del alumno, qué materiales, instrumentos, recursos, medios didácticos se van a usar.

- **Durante la acción formativa:** aquí el seguimiento se utiliza para comprobar los posibles errores y mejoras que se pueden llevar a cabo. Ofrece la posibilidad de poder modificar aquellas acciones o medios que dificultan el avance del aprendizaje.

10. Instrumentos para el seguimiento

A lo largo de un ciclo formativo pueden suceder errores y surgir problemas, esto abarca desde la identificación de necesidades hasta la planificación, el diseño, la implantación y la evaluación. Por todo esto, es importante saber cuál es la causa del problema y saber tomar las medidas oportunas para que no se origine nuevamente.

Para detectar el origen del problema, siempre se necesita una información determinada, ésta sólo se puede obtener mediante técnicas que ayuden a obtenerlas, es decir, que permitan recabar y analizar los datos obtenidos.

Para el seguimiento del proceso de enseñanza-aprendizaje, se pueden confeccionar diferentes tipos de instrumentos de evaluación, como pueden ser los cuestionarios y utilizar la observación directa, etc., si el tipo de formación lo permite (presencial o semipresencial). Estos instrumentos variarán según el tipo de datos que se quiera conseguir.

Un ejemplo de plantilla para recoger y analizar la información podría ser esta:

CURSO:		**1° Módulo**	**2° Módulo**	**3°Módulo**
Objetivos del módulo	Suficiente			
	Insuficiente			
	Adecuado			
	Inadecuado			

Continúa en página siguiente >>

<< Viene de página anterior

CURSO:		**1º Módulo**	**2º Módulo**	**3ºMódulo**
Contenidos del módulo	Suficiente			
	Insuficiente			
	Adecuado			
	Inadecuado			
Metodología	Suficiente			
	Insuficiente			
	Adecuado			
	Inadecuado			
Actividades y recursos	Suficiente			
	Insuficiente			
	Adecuado			
	Inadecuado			
Recursos materiales	Suficiente			
	Insuficiente			
	Adecuado			
	Inadecuado			
Recursos humanos	Suficiente			
	Insuficiente			
	Adecuado			
	Inadecuado			
Proceso de evaluación	Suficiente			
	Insuficiente			
	Adecuado			
	Inadecuado			
Nivel de satisfacción del alumnado	Suficiente			
	Insuficiente			
	Adecuado			
	Inadecuado			

Para el seguimiento del aprendizaje, como la información que se obtiene es de diferente índole, se recogerá mediante la aplicación de las técnicas seleccionadas y elaboradas para la evaluación de cada uno de los aspectos planteados (observación directa de los trabajos, participación, cuestionarios acerca de la motivación y satisfacción del alumnado, etc.).

Por ejemplo, los contenidos que se podrían incluir en la "parrilla" de análisis son los siguientes:

CURSO		1er Módulo	2º Módulo	3er Módulo
Conceptos (comprende los contenidos conceptuales)	Con facilidad			
	Con normalidad			
	Con dificultad			
Procedimientos (aplica y desarrolla los contenidos procedimentales)	Con facilidad			
	Con normalidad			
	Con dificultad			
Actitudes (manifiesta las actitudes adecuadas a los contenidos)	Con facilidad			
	Con normalidad			
	Con dificultad			
Motivación y participación	Con facilidad			
	Con normalidad			
	Con dificultad			
Satisfacción del alumno	Con facilidad			
	Con normalidad			
	Con dificultad			

Dos de las herramientas básicas son:

- **Los diagramas de flujo:** éstos sirven para desglosar en forma de componentes, para presentar una clara imagen de lo que ocurre.
- **Los checklists:** éstos son especialmente útiles para garantizar que se han realizado todas las acciones necesarias. Es otro método de ayuda orientado a los formadores y participantes para preparar, utilizar y solucionar los problemas del equipamiento.

Otros métodos de seguimiento y control que pueden ayudar en la formación son:

- Las reuniones formales e informales.
- Pasar un informe de las sesiones, cuestionarios de satisfacción o formularios de evaluación del curso.
- Entrevistas de evaluación.

Recuerde

Algunos de los instrumentos de seguimiento más utilizados son:

- Cuestionario de satisfacción
- Cuestionario de motivación
- Observación directa
- Reuniones formales e informales
- Entrevistas de evaluación

11. Metodología de la evaluación del diseño de formación

Los métodos empleados en la evaluación siempre suelen son los mismos, independientemente de que se evalúen los objetivos, los contenidos, los recursos, etc. A pesar de esto, hay que tener en cuenta que no se deben utilizar todos los métodos que se van a nombrar, sino que todo dependerá de lo que se esté evaluando.

Los métodos más frecuentes son:

- Observación sistemática.
- Observación mediante observadores externos o internos del grupo.
- Análisis de trabajo.
- Entrevistas personales.
- Situaciones de simulaciones.

- Diálogos, debates.
- Cuestionarios específicos.
- Inventarios.
- Grabaciones en vídeo.
- Etc.

11.1. Evaluación de los objetivos

Cuando se diseña el programa formativo, se deben concretar los objetivos que serán objeto de evaluación al finalizar el curso, para comprobar si éstos se han alcanzado o no.

Los objetivos marcan aquellos aspectos claves que debe adquirir el alumno para alcanzar unas competencias determinadas. Éstos determinarán lo que el alumno será capaz de saber y saber hacer al acabar el curso, en unas condiciones dadas y con unos medios determinados.

Si, al finalizar el curso, se observa que los objetivos no se han cumplido en su totalidad, hay que analizar cuál ha sido la causa de este error y corregirlos. Si se han cumplido los objetivos, habrá que determinar los motivos de éxito, para volver a ponerlos en práctica en futuros cursos.

Los objetivos marcados al inicio de la formación sirven para:

- Dirigir la formación, es decir, saber hacia dónde se quiere llegar con ésta.
- Comprobar qué se ha logrado.
- Facilitar la evaluación, ya que se sabe cuáles son los objetivos que hay que evaluar.
- Reorientar la formación en el mismo momento que se está realizando.
- Elegir los métodos más adecuados para la formación.

La evaluación de los objetivos debe medirse atendiendo a:

- **Objetivos generales:** son utilizados para saber cuáles son las competencias generales.
- **Objetivos específicos:** parten de los objetivos generales.

- **Objetivos operativos:** son derivados de los específicos. Son objetivos más concretos y siempre deben estar relacionados con actividades u operaciones determinadas. Son los más fáciles de medir.

Ejemplo

Objetivos específicos para evaluar un curso de primeros auxilios:

- Aprender los conceptos básicos y generales de los primeros auxilios.
- Adquirir las habilidades y aplicar los principios de actuación para poder reaccionar adecuadamente en situaciones de urgencia.
- Conocer los aspectos jurídicos relacionados.

11.2. Evaluación de los contenidos

La evaluación de los contenidos se realizará para comprobar si los objetivos que se habían marcado al principio de la formación se han logrado, así como para eliminar aquellos contenidos que no aportan nada al curso.

Se debe tener siempre en cuenta que se puede lograr un mismo objetivo de formación utilizando diversos contenidos.

Para evaluar los contenidos, hay que comprobar si se ha seguido una secuencia lógica a la hora de impartirlos. Esta secuencia permite que los contenidos sean adquiridos por los alumnos de una manera más significativa, es decir, facilita el aprendizaje de los mismos.

Para que la evaluación de los contenidos resulte positiva, éstos deben ir expuestos:

- De acuerdo con los objetivos propuestos y con los plazos previstos para conseguirlos.
- De lo conocido a lo desconocido.

- De lo inmediato a lo remoto.
- De lo concreto a lo abstracto.
- De lo fácil a lo difícil.

Otro aspecto a tener en cuenta para que la evaluación de los contenidos sea positiva, es que éstos se deben estructurar adecuadamente, por ejemplo, mediante módulos, unidades didácticas, etc. Éstas tienen que abarcar los conocimientos, las habilidades y las actitudes que capacitan al alumno para poner en práctica las funciones que desempeñará en su puesto de trabajo. Por lo general, se pueden constituir equivalencias entre objetivos generales y cursos, objetivos específicos y módulos, unidades didácticas, etc. así como entre objetivos operativos y sesión formativa,.

Ejemplo

Siguiendo el ejemplo anterior de primeros auxilios, los contenidos que se evaluarán para comprobar si se han logrado o no los objetivos anteriormente propuestos, son:

- Primeros auxilios: conceptos generales.
- Soporte vital básico (reanimación cardio-pulmonar)-adultos.
- Soporte vital básico-niños.
- Soporte vital instrumental.
- Traumatismos osteoarticulares. Inmovilizaciones (vendajes y férulas improvisadas).
- Movilización de urgencia y posiciones de espera.
- Traumatismos craneales y vertebro-medulares.
- Otras situaciones de emergencia.

11.3. Evaluación de la metodología

La evaluación de la metodología consiste en comprobar que los métodos que se han utilizado son los adecuados para lograr los objetivos formativos, aunque éstos deben ser flexibles a la hora de utilizarlos, ya que deben adaptarse a la materia tratada, a los alumnos, a los recursos disponibles, etc.

Para conseguir que la evaluación de la metodología sea positiva, se deben tener en cuenta las características que se emplean para definir un método. Éstas pueden ser:

- Presentar y mostrar la problemática del tema para que, a través de la reflexión y el esfuerzo, el alumno pueda resolverla.
- Respetar tanto la libertad de expresión como de creación.
- Las actividades que están destinadas al alumno tienen que ser dirigidas por el formador para que el alumno reflexione y participe.
- Motivar al alumno, relacionando los temas con sus intereses, motivaciones y necesidades.
- Organizar los nuevos aprendizajes para que se integren con los ya adquiridos.
- Tener en cuenta las limitaciones y las posibilidades que tiene cada alumno.
- Dar lugar a la acción individualizada a través de tareas que requieran planteamientos y acciones individualizadas.

11.4. Evaluación de actividades y recursos

Las **actividades** son unos elementos que acompañan a los contenidos formativos, ya que éstas refuerzan los contenidos que son expuestos por el formador. Siempre debe existir coordinación entre ambos, para esto se deben seleccionar adecuadamente tanto los métodos como las técnicas.

Para evaluar las diversas actividades que se han desarrollado, hay que formular una serie de preguntas para saber si las actividades han sido eficaces o han fallado en su ejecución. Algunas de estas preguntas pueden ser:

- ¿Qué ha hecho el alumno?
- ¿Ha sabido aplicar los conocimientos necesarios para lograr resolver las actividades?
- ¿Valora y comprende la finalidad de la actividad?
- ¿Ha mostrado interés en la realización de la misma?
- ¿Qué ha aprendido?
- ¿Han sido válidas las actividades?

- ¿Cuáles han fallado? ¿Por qué?
- ¿Se han alcanzado los objetivos?
- Etc.

Junto con las actividades, los recursos también tienen que ser evaluados, ya que de ellos va a depender en cierta manera la eficacia de las actividades. Por eso, en la evaluación de los recursos hay que tener en cuenta la eficacia de aquellos que se han utilizado y cuáles son los que se hubieran necesitado para desarrollar el curso.

Se pueden distinguir varios criterios para evaluar la eficacia de los recursos:

- Su calidad, porque actúa como mediador entre la realidad y la estructura cognitiva del alumno.
- El contexto metodológico, ya que todo va a depender de la metodología usada por el formador.
- Los propios alumnos, sus motivaciones, intereses, etc.
- La experiencia del formador en el manejo de los diversos recursos, sus habilidades, etc.

También es necesario tener en cuenta qué evaluar de los recursos:

- La rentabilidad de éstos.
- El aprovechamiento para distintas finalidades.
- El mantenimiento.
- La actualización, deben adaptarse a las nuevas tecnologías.
- La adecuación al proceso de enseñanza-aprendizaje.
- Posibilitar la acción, estimular y responder a las curiosidades presentes en el alumnado.

11.5. Evaluación del formador

La figura del formador es muy importante a lo largo de todo el proceso formativo, ya que, en cierta manera, el éxito o el fracaso de la formación recae sobre él, por lo tanto, es imprescindible conocer previamente a la persona que va a impartir un curso.

El formador es el mediador entre los contenidos y los alumnos, por lo que debe evaluarse de forma continua y a lo largo de todo el proceso de enseñanza-aprendizaje, así como al final del proceso, momento en que se comprobará si los métodos y estrategias que ha diseñado y utilizado han sido los adecuados, introduciendo posibles modificaciones para las prácticas futuras.

La evaluación del formador se puede realizar desde varias vertientes, en cada una de ellas se evalúan aspectos diferentes, pero todas persiguen el mismo fin, que es fomentar la calidad de la formación.

Evaluación realizada por los alumnos

Los alumnos pueden evaluar aspectos como la relación del formador con los alumnos, la organización de las sesiones, el control de clase, la efectividad de la enseñanza, etc.

En la siguiente tabla se muestra un cuestionario a modo de ejemplo:

Marque la opción que más se adecúe a las características que prevalecieron a lo largo del curso
1. Las oportunidades que tuve para realizar preguntas en clase fueron: a. Frecuentes b. Regulares c. Escasas d. Muy escasas
2. El interés que mostró el formador respecto a los alumnos fue: a. Satisfactorio b. Regular c. Poco d. Muy pobre
3. El clima existente en el aula fue: a. Bueno b. Regular c. Tenso d. Malo

Continúa en página siguiente >>

<< Viene de página anterior

Marque la opción que más se adecúe a las características que prevalecieron a lo largo del curso

4. En la prueba final se evaluaban los contenidos dados a lo largo del curso:
   a. Sí
   b. No

5. El material presentado en el curso fue:
   a. Original
   b. Poco original
   c. Nada original

6. Las actividades que realicé para asimilar los contenidos fueron:
   a. Útiles
   b. Regulares
   c. Pobres
   d. Inútiles

7. El contenido marcado para el curso se expuso en su totalidad:
   a. Sí
   b. No

8. El grupo de alumnos afectó a mi aprendizaje:
   a. De manera positiva
   b. De manera negativa
   c. No me afectó

9. El material audiovisual me pareció:
   a. Atractivo
   b. Regular
   c. Inadecuado

10. Los procesos, problemas y soluciones experimentados en el trabajo en grupo fueron:
   a. Bien planteados
   b. Regular planteados
   c. Mal planteados

11. Las exposiciones por parte del docente me parecieron:
   a. Buenas
   b. Regulares
   c. Malas

Continúa en página siguiente >>

<< Viene de página anterior

Marque la opción que más se adecúe a las características que prevalecieron a lo largo del curso
12. La actuación del profesor durante el curso evidenció: a. Un elevado conocimiento de la materia b. Un mediano conocimiento c. Un escaso conocimiento
13. El profesor supo controlar las conductas perturbadoras sucedidas a lo largo del curso de forma: a. Eficaz b. Regular c. Ineficaz
14. El ritmo que siguió el profesor al exponer los contenidos me pareció: a. Muy bueno b. Satisfactorio c. Monótono
15. La secuencia de presentación de los contenidos del curso fue: a. Lógica b. Regular c. Arbitraria
16. La actuación del profesor despertó interés y motivación: a. Muchas veces b. Algunas veces c. Pocas veces d. Ninguna vez

Evaluación realizada por el propio formador

En esta evaluación, el formador va a evaluar la preparación del curso, el desarrollo del mismo, y también realizará una evaluación propia de su actuación como formador.

En la siguiente tabla se muestra un cuestionario a modo de ejemplo:

Marque la opción que más se adecúe a las características que prevalecieron a lo largo del curso

A. PREPARACIÓN DEL CURSO

1. ¿Cómo ha sido el tiempo con el que ha contado?
   a. Suficiente
   b. Insuficiente

¿Por qué? ____________________

2. ¿Cómo considera la distribución de las sesiones del curso?
   a. Adecuadas
   b. Inadecuadas

¿Por qué? ____________________

3. ¿Ha dispuesto de las guías didácticas del curso?
   a. Sí
   b. No

¿Por qué? ____________________

4. ¿Ha dispuesto de los recursos necesarios para la preparación de sus sesiones?
   a. Sí
   b. No

¿Cuáles le han hecho falta? ____________________

5. Teniendo en cuenta su nivel de formación, ¿ha necesitado apoyo por parte de la dirección del curso?
   a. Sí
   b. No

¿Cómo ha sido el apoyo? ____________________

B. DESARROLLO DEL CURSO

6. ¿El desarrollo de las sesiones (distribución y tiempo) se ha correspondido con la planificación prevista?
   a. Sí
   b. No

7. ¿La metodología utilizada para el desarrollo de las sesiones ha propiciado la participación e implicación del alumnado?
   a. Sí
   b. No

¿Por qué? ____________________

Continúa en página siguiente >>

<< Viene de página anterior

Marque la opción que más se adecúe a las características que prevalecieron a lo largo de curso

8. ¿Considera que el clima del curso ha sido el adecuado?
   a. Sí
   b. No

¿Por qué? ______________________________

9. ¿El contexto donde se ha desarrollado el curso ha sido adecuado y oportuno?
   a. Sí
   b. No

¿Por qué? ______________________________

10. ¿Ha conseguido los objetivos propuestos?
   a. Sí
   b. No

¿Por qué? ______________________________

C. AUTOEVALUACIÓN

11. Evalúe de 1 a 4 los siguientes apartados relacionados con su intervención como formador, donde:
   1. Considero imprescindible mejorar mi formación en este aspecto.
   2. Considero necesario mejorar mi formación en este aspecto.
   3. Cuento con recursos necesarios para el desarrollo ajustado del curso, pero podría encontrar dificultades si éste cambia el rumbo prefijado.
   4. Mi formación al respecto es adecuada y dispongo de recursos suficientes para el desarrollo óptimo del curso.

	1	2	3	4
Dominio de los contenidos				
Metodología/didáctica empleada				
Comunicación con el alumnado				
Trabajo en equipo				

D. AMPLIACIÓN

Puede anotar a continuación cualquier aportación que desee realizar y no haya sido considerada en este cuestionario.

____

____

11.6. Tipos de evaluación

Existen diferentes tipos de evaluación, cada una se aplicará atendiendo a diferentes criterios.

Según su finalidad o función de la evaluación

Diagnóstica

Esta evaluación, como su nombre indica, tiene un carácter diagnóstico, ya que permite que se conozcan las potencialidades del alumno. De esta manera, la actividad didáctica se dirige de forma más efectiva.

Formativa

Se utiliza como estrategia para mejorar y ajustar los procesos formativos en el momento que se están llevando a cabo, para alcanzar las metas y los objetivos marcados. La evaluación formativa es aplicable a la evaluación de procesos.

Sumativa

Se aplica a la evaluación de productos terminados, es decir, se sitúa concretamente cuando finaliza un proceso, cuando éste se considera acabado. Su propósito es determinar el grado en que se han conseguido los objetivos establecidos, para evaluar de forma positiva o negativa el resultado. Esta evaluación permite tomar medidas tanto a medio como a largo plazo.

Según el momento de aplicación de la evaluación

Inicial

Se produce al principio del proceso de enseñanza-aprendizaje. La función que tiene la evaluación inicial es identificar el nivel de conocimientos que tienen los alumnos que inician un curso y, de esta manera, comprobar si los alumnos cuentan con los conocimientos necesarios para comenzarlo, y determinar si es posible impartirlo de acuerdo al programa formativo o si se requiere alguna modificación.

Procesual

La evaluación procesual se basa en valorar, de forma continua, el aprendizaje de los alumnos y la enseñanza del profesor, a través de la recogida sistemática de datos, toma de decisiones, etc.

La evaluación procesual es totalmente formativa, ya que, al favorecer la recogida continua de datos, permite tomar decisiones en el mismo momento que se considere necesario.

Los resultados que se obtienen forman la base permanente para el formador a la hora de programar las actividades diarias, así como para establecer las actividades y los procedimientos más apropiados. De esta manera, se evitan las dificultades que se puedan producir en los aprendizajes que se están llevando a cabo. La finalidad de todo esto es evitar errores y vacíos en los aprendizajes posteriores.

Final

La evaluación final es aquella que se realiza al finalizar la formación, por lo tanto ésta recoge y valora los resultados obtenidos a lo largo de un periodo formativo.

Según su extensión

Global

Tiene en cuenta todos los elementos y procesos que guardan relación con todo lo que es objeto de evaluación. Por ejemplo, si se trata de evaluar el proceso de aprendizaje de los alumnos, esta evaluación se centra en todas las áreas en general, pero sobre todo en los diversos tipos de contenidos de enseñanza (conceptos, procedimientos, valores, normas, etc.).

Parcial

Esta evaluación no se realiza de manera global, sino que se lleva a cabo por partes, es decir, evalúa los componentes que más interesan.

Según los agentes que realizan la evaluación

Autoevaluación o evaluación interna

Es el proceso sistemático mediante el cual una persona o grupo examina y valora sus procedimientos, comportamientos y resultados, para identificar qué quiere corregir o modificar en él. La evaluación interna muestra que los alumnos están más motivados a la hora de realizar una tarea difícil. La puesta en práctica de la autoevaluación no conlleva que el profesorado abandone sus funciones, sino que implica una concepción diferente de la enseñanza.

La autoevaluación ofrece al estudiante ayuda para descubrir sus necesidades, cantidad y calidad de su aprendizaje, causas de sus problemas, dificultades y éxitos en el estudio. De esta manera, el alumno puede conocerse de manera más concreta.

Heteroevaluación o evaluación externa

La evaluación externa es realizada o llevada a cabo por otra persona que no es el protagonista del aprendizaje. En esta evaluación, lo más frecuente es que el profesor evalúe al alumno.

TIPOS DE EVALUACIÓN	
Según su finalidad o función	- Diagnóstica - Formativa - Sumativa

Continúa en página siguiente >>

<< Viene de página anterior

TIPOS DE EVALUACIÓN	
Según su momento de aplicación	- Inicial - Procesual - Final
Según su extensión	- Global - Parcial
Según los agentes que la realizan	- Autoevaluación o evaluación interna - Heteroevaluación o evaluación externa

Bloque 2

Solucionarios de ejercicios de repaso y autoevaluación

Contenido

Solucionario 1

Aplicación de test, pruebas y cuestionarios para la valoración de la condición física, biológica y motivacional

Solucionario Capítulo 1

1. **Indique si las siguientes afirmaciones son verdaderas o falsas.**

   a. Las capacidades coordinativas representan los aspectos cuantitativos del movimiento.

      ☐ Verdadero
      ☑ **Falso**

   b. Las capacidades físicas representan los aspectos dinámicos del movimiento.

      ☐ Verdadero
      ☑ **Falso**

   c. Las capacidades coordinativas constituyen los aspectos cualitativos del movimiento.

      ☑ **Verdadero**
      ☐ Falso

2. **¿Qué se entiende por imagen y representación, tanto mental como material, que se tiene en el propio cuerpo y sus partes en el espacio, en estado de reposo o en movimiento, así como de sus limitaciones?**

   a. Equilibrio
   b. Esquema corporal
   c. Estructuración corporal
   d. Las opciones a y b son incorrectas.

3. **Los sujetos con un predominio genético diferente en mano, pie, ojo u oído, presentan...**

   a. ... lateralidad cruzada.
   b. ... ambidextrismo.
   c. ... lateralidad invertida.
   d. ... lateralidad mixta.

4. Encuentre en la siguiente sopa de letras al menos tres de los diferentes tipos de lateralidad.

X	E	T	R	**A**	A	D	I	R	I	U	A	D
A	**M**	**B**	**I**	**D**	**E**	**X**	**T**	**R**	**I**	**S**	**M**	**O**
T	B	O	H	**I**	R	E	T	O	I	**C**	T	B
R	T	E	J	**T**	**I**	A	L	P	B	**R**	R	T
S	O	R	G	**R**	Z	**N**	D	C	V	**U**	S	O
O	Y	S	I	**E**	Q	A	**N**	E	T	**Z**	O	Y
T	E	A	O	**V**	U	I	C	**A**	E	**A**	T	E
E	D	C	M	**N**	T	E	S	O	**T**	**D**	E	D
S	I	**A**	**D**	**I**	**R**	**I**	**U**	**Q**	**D**	**A**	S	I

5. El objetivo principal de la capacidad de relajación es:

a. Tono muscular
b. Equilibrio muscular
c. Eutonía
d. Distonía

6. Relacione en qué momento evaluativo atienden cada una de las siguientes recomendaciones.

a. Informar al sujeto evaluado de los resultados obtenidos.
b. Informar al evaluado del objetivo y propósito de la aplicación de la prueba en cuestión.
c. Transmitir al deportista confianza y seguridad, haciéndole sentir con la motivación adecuada para el desarrollo del test.

b. Antes.
c. Durante.
a. Después.

7. Complete los espacios libres de la definición de orientación.

Proceso **cognitivo** que permite establecer y actualizar la **posición** que se ocupa en el **espacio** a través de la información **sensorial.**

8. El objetivo del Test de Dominancia Lateral de Harris es:

a. La evaluación del conocimiento acerca de las nociones derecha-izquierda del sujeto sobre sí mismo.
b. Determinar la preferencia de utilización del lado izquierdo o derecho del cuerpo.
c. La dominancia manual derecha o izquierda del sujeto en relación al empleo de objetos.
d. Obtener información relevante sobre la funcionalidad derecha o izquierda en la escritura.

9. Para la valoración y medición de la lateralidad se puede realizar el test de...

a. ... dominancia ocular y manual.
b. ... dominancia manual y pédica.
c. ... dominancia visual.
d. Las opciones a y b son correctas.

10. En la valoración del esquema corporal mediante el Test de Imitación de Gestos intervienen factores...

a. ... de orden práctico y perceptivo.
b. ... de orden perceptivo y sensorial.
c. ... de orden ejecutivo y práctico.
d. ... de orden decisional y simbólico.

11. En la percepción, el orden de intervención de los mecanismos es:

a. Percepción-Decisión-Ejecución.
b. Sensación-Decisión-Acción.
c. Percepción-Solución-Activación.
d. Análisis-Decisión-Acción.

12. Atendiendo al grado de participación corporal, ¿cuál de las siguientes afirmaciones acerca de la coordinación es correcta?

a. La coordinación se divide en coordinación dinámica general, óculo-manual y óculo-pédica.
b. La coordinación se divide en coordinación dinámica general y coordinación óculo-segmentaria.
c. La coordinación se divide en coordinación óculo- manual y óculo-pédica.
d. Las opciones a y b son correctas.

13. La agilidad es una cualidad resultante de...

a. ... las capacidades coordinativas y la fuerza.
b. ... las capacidades físicas y el equilibrio.
c. ... la coordinación y las capacidades físicas.
d. ... la velocidad y el equilibrio.

14. Ante un resbalón con una cáscara de plátano mientras camina, ¿qué manifestación del equilibrio se ve involucrado para evitar la caída?

a. Equilibrio estático
b. Equilibrio dinámico
c. Equilibrio sensorial
d. Equilibrio monopodal

15. Relacione los siguientes conceptos con sus dibujos correspondientes:

a. Flotación vertical.
b. Flotación dorsal.
c. Flotación ventral.

b. 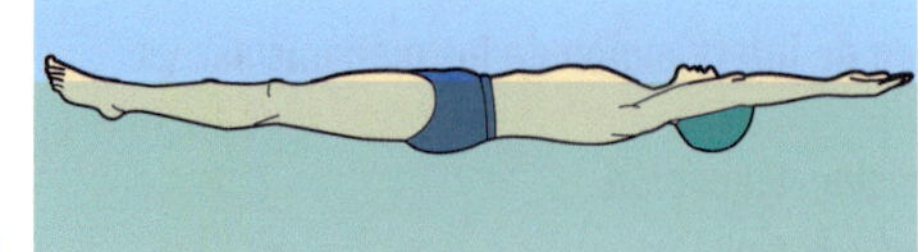

c. 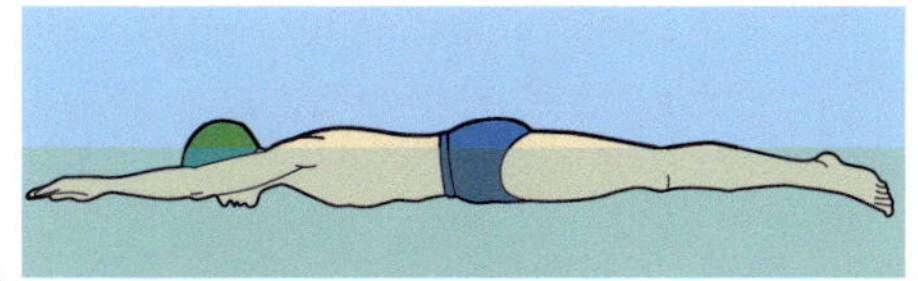

a. 

Solucionario Capítulo 2

1. **La base del trabajo psicológico en el ámbito del *fitness* se fundamenta en la mejora y potenciación de...**

   a. ... autosuperación y paciencia.
   b. ... constancia.
   c. ... control tónico.
   d. Las opciones a y b son correctas.

2. **Indique si las siguientes afirmaciones son verdaderas o falsas.**

   a. El origen del *fitness* se encuentra en Keneth Cooper, con la publicación del libro "Aerobics" en 1698.

      ☐ Verdadero
      ☑ **Falso**

   b. El aerobic es el resultado de un conjunto de prácticas físicas con finalidad de mejora cardiovascular.

      ☑ **Verdadero**
      ☐ Falso

   c. La incursión deportiva del *fitness* tuvo lugar como consecuencia de sucesivos análisis sociológicos y fisiopatológicos.

      ☐ Verdadero
      ☑ **Falso**

3. Relacione los siguientes conceptos con sus características correspondientes:

a. Temperamento.
b. Carácter.

<u>**a.**</u> Innato.
<u>**b.**</u> Adquirido.
<u>**b.**</u> Modificable.
<u>**a.**</u> Material biológico.
<u>**b.**</u> Resultado de valores y costumbres.

4. Palabras cruzadas: rellene los huecos atendiendo a las diferentes teorías de la personalidad:

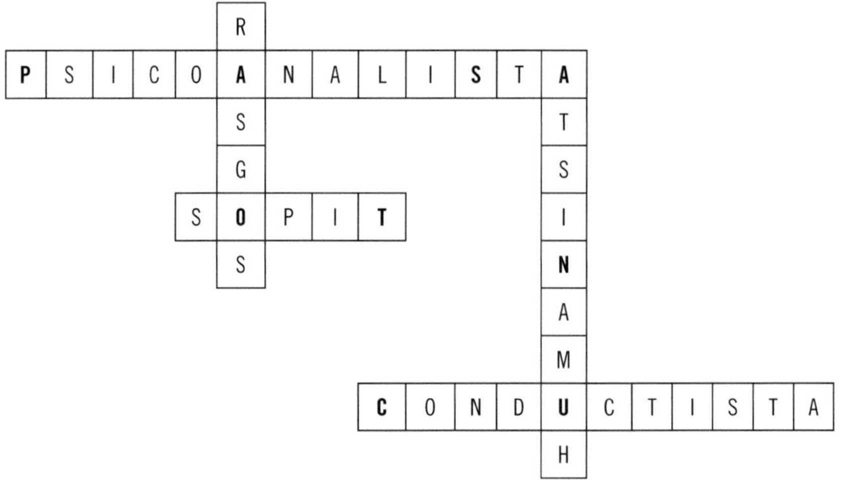

5. Relacione los siguientes conceptos:

a. Endomorfo.
b. Ectomorfo.
c. Mesomorfo.

<u>**c.**</u> Somatotonía.
<u>**a.**</u> Viscerotonía.
<u>**b.**</u> Cerebrotonía.

6. ¿Cuál de los siguientes postulados corresponde a la teoría conductista de la personalidad?

a. Énfasis en procesos motivacionales.
b. Interacción entre el entrono ambiental y la persona en sí.
c. Visión globalizada del ser humano.
d. Especificidad situacional sobre la conducta humana.

7. A nivel fisiológico, el ejercicio físico consigue una disminución de los niveles de...

a. ... grasa en el torrente sanguíneo.
b. ... capacidad contráctil del corazón.
c. ... consumo energético basal.
d. Todas las opciones son incorrectas.

8. Por la valoración propia y personal que hace una persona de sus peculiaridades positivas y negativas se entiende...

a. ... la autonomía.
b. ... el autoconocimiento.
c. ... la autoestima.
d. ... el heteroconcepto.

9. La diferencia entre motivación y concentración radica en que...

a. ... la motivación es un proceso adaptativo y la concentración es un proceso mental voluntario.
b. ... la concentración es un proceso enérgico intrínseco, mientras que la motivación presenta un carácter atencional sobre elementos extrínsecos.
c. ... la concentración puede ser intrínseca y extrínseca, y la motivación únicamente puede manifestarse de forma intrínseca.
d. Todas las opciones son incorrectas.

10. En cuanto a la activación como habilidad psicológica a desarrollar con el ejercicio físico y el *fitness*...

a. ... un exceso de motivación puede suponer una disminución del rendimiento motriz.
b. ... un aumento desmesurado de la activación reduce los niveles de rendimiento por una disminución motivacional.
c. ... un incremento activacional conlleva un aumento de la motivación y con ello la consecución de mejores resultados motores.
d. ... el descenso de la activación es indirectamente proporcional a la motivación, pero directamente proporcional al rendimiento a obtener.

11. Para la consecución de un fortalecimiento de la autoconfianza a través del ejercicio es necesario...

a. ... mayor consecución de éxitos que de fracasos.
b. ... la obtención alternativa de triunfos y frustraciones de forma equitativa.
c. ... lograr un triunfo justo inmediatamente después de cada fracaso.
d. ... alcanzar un equilibrio 3-1 entre éxitos-fracasos.

12. Respuesta múltiple. Atendiendo a Erikson, ¿cuáles de las siguientes etapas no corresponden a su teoría del desarrollo de la personalidad?

a. Intimidad frente a asilamiento.
b. Autonomía frente a culpa.
c. Intimidad frente a desaparición.
d. Confianza frente a desconfianza.

13. La independencia como capacidad de tomar decisiones propias y autoresponsabilización de los actos personales, es una característica que aflora en la etapa de...

a. ... adolescencia.
b. ... juventud.
c. ... madurez.
d. ... vejez o tercera edad.

14. Entre las necesidades psicoafectivas de un grupo deportivo se encuentran las de...

a. ... atención, control y emoción.
b. ... inclusión y afecto.
c. ... integración, sensación y suscripción.
d. ... inclusión, afecto y control.

15. Los conceptos de pertenencia y soledad son:

a. Complementarios
b. Sinónimos
c. Relativos
d. Opuestos

Solucionario Capítulo 3

1. **Complete los espacios libres de la siguiente definición.**

   Por **medida** se puede entender el resultado obtenido de la comparación de la cantidad de una **magnitud** que se quiere medir con la **unidad** estandarizada de dicha magnitud.

2. **La medición indirecta se relaciona con...**

   a. ... aquella que se lleva a cabo teniendo un patrón como referencia respecto a una magnitud.
   b. ... la medida que presenta una relación indirectamente proporcional a los resultados obtenidos.
   c. ... aquella medida consecuente de la falta de relación con su magnitud de medida, dando lugar a una manipulación de la medida directa.
   d. ... la medida resultante de aplicar una magnitud variable.

3. **¿Cuál de los siguientes ítems referidos al orden lógico de los momentos de evaluación es verdadero?**

   a. Inicial-Objetiva-Final.
   b. Inicial-Continua-Subjetiva.
   c. Inicial-Continua-Final.
   d. Inicial-Objetiva-Continua.

4. **A la modalidad de evaluación en la quc cl juicio del evaluador determina el resultado de un test o prueba se le denomina...**

   a. ... subjetiva.
   b. ... extrínseca.
   c. ... objetiva.
   d. ... relativa.

5. Complete y resuelva los siguientes paneles:

a. Vertiente del ejercicio físico orientado al bienestar.

S	**A**	L	U	**D**

b. Componente de la aptitud física que permite la ejecución de movimientos articulares de gran amplitud.

F	**L**	E	X	I	**B**	I	L	I	D	**A**	D

c. Capacidad muscular de generar tensión para desplazar un objeto.

F	U	**E**	R	Z	**A**

6. El principal motivo desencadenante de las posibles dificultades a hacer frente en una evaluación es:

a. El error
b. El material
c. El evaluador
d. Todas las opciones son incorrectas.

7. La temperatura ideal para la realización de una prueba o test de evaluación es de...

a. ... 20 ºC.
b. ... 21-23 ºC.
c. ... 24-26 ºC.
d. ... 23 ºC.

8. ¿A qué componente de la aptitud física hace referencia la siguiente imagen?

(© Fotografía: High Contrast, vía web-CC BY 3.0)

Composición corporal.

9. Descubra la palabra oculta, ayudándose de los términos a los que hacen referencia las definiciones facilitadas a continuación acerca de los requisitos que debe cumplir un test:

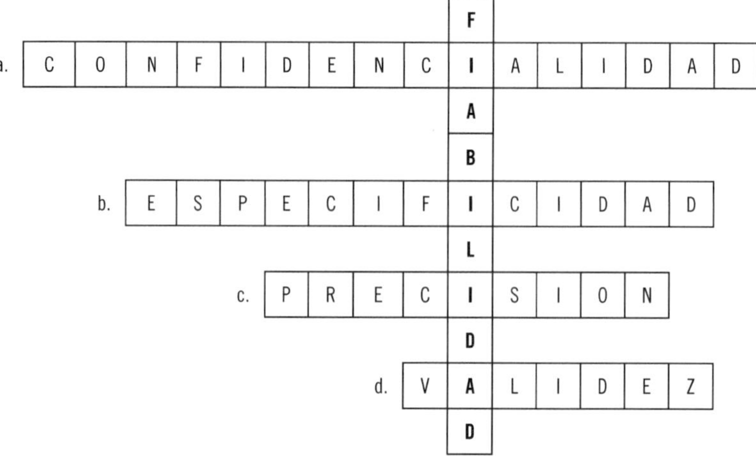

a. Restricción de la divulgación y acceso a la información personal de un sujeto.
b. Características propias de alguien o algo que lo distingue del resto.
c. Similitud entre los resultados conseguidos tras la repetición de la misma técnica de medición en momentos diferenciados en el tiempo y sobre el mismo individuo.
d. Medición de aquello que se pretende o debe medir.

10. ¿Cuál de los siguientes no constituye un requisito indispensable a cumplir en un test de evaluación?

a. Confidencialidad
b. Transferencia
c. Facilidad
d. Especificidad

11. Para que una prueba test o cuestionario se considere válido debe poseer un coeficiente superior a...

a. ... 0,85.
b. ... 0,6
c. ... 0,9.
d. ... 0,8.

12. Relacione con flechas cada uno de los requisitos necesarios de una prueba o test de evaluación con el valor de su coeficiente.

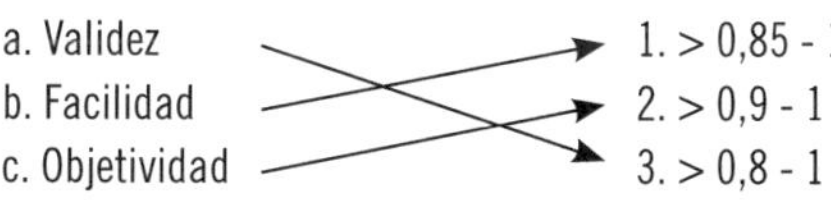

13. ¿En cuál de los tipos de errores que pueden aparecer en la precisión, como requisito de una prueba, se conocen los motivos de su aparición?

a. Sistemático
b. Automático
c. Específico
d. Aleatorio

14. El error de precisión puede manifestarse a través de...

a. ... las capacidades físicas del sujeto examinado.
b. ... las condiciones ambientales relativas.
c. ... únicamente en las herramientas de evaluación.
d. ... los instrumentos de medida y la persona evaluadora.

15. Respuesta múltiple. Un test, prueba o cuestionario se considera objetivo cuando su coeficiente de objetividad se encuentra...

a. ... por debajo de 1.
b. ... entre 0,8 y 0,9.
c. ... por debajo de 1 pero por encima de 0,8.
d. ... por encima de 0,9.

Solucionario Capítulo 4

1. **La ciencia encargada del estudio de la individualidad humana es:**

   a. Antropología
   b. Biotipología
   c. Psicología
   d. Fisiología

2. **Relacione los diferentes conceptos extraídos de la teoría de Kretschmer.**

   a. Ciclotímico.
   b. Leptosoma.
   c. Atlético.

   c. Hombros anchos, tronco vigoroso y pelvis estrecha. Piernas y brazos fuertes, con manos y pies grandes.
   b. Caja torácica alargada, con presencia delgada y piel pálida, con poco tejido adiposo.
   a. Sociable, extrovertido, con fluctuaciones en su estado de ánimo.

3. **Relacione cada uno de los siguientes conceptos con su autor: endomórfico, pícnico, leptosoma, ectomórfico, gliscrotímico y cerebrotonía.**

   a. Kretschmer: **leptosoma, pícnico, gliscromítico.**
   b. Sheldom: **endomórfico, ectomórfico, cerebrotonía.**

4. **Los tres pilares básicos de la práctica cineantropométrica son:**

   a. Fraccionamiento corporal, raciocinio y somatotipo.
   b. Proporcionalidad, fraccionamiento y somatotipo.
   c. Somatotipo y fraccionalidad corporal.
   d. Proporcionalidad, somatotipo y densidad ósea.

5. **Complete los espacios libres de la siguiente frase.**

La **grasa corporal** es uno de los elementos responsables de las variaciones estructurales provocadas por el ejercicio físico, además de constituir una vía energética.

6. **¿Qué miden las siguientes imágenes?**

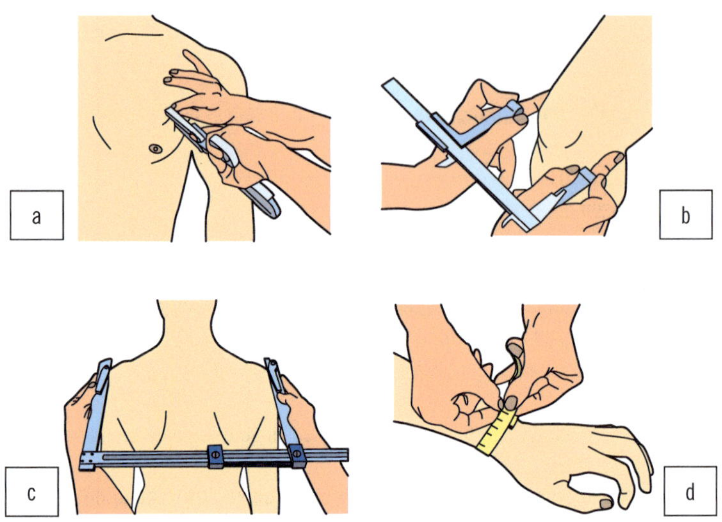

a. Pliegue pectoral.
b. Diámetro bicondíleo fémur.
c. Diámetro biacromial.
d. Circunferencia muñeca.

7. **Teniendo en cuenta que una persona adulta mide 1,75 cm y pesa 72 kg, halle el índice de masa corporal y el índice de Bouchard.**

- Índice de masa corporal: **23,510.**
- Índice Bouchard: **41,142.**

8. Complete y resuelva los siguientes paneles:

a. Instrumento de medida de los diámetros corporales.

P	**A**	Q	**U**	**Í**	M	E	T	**R**	O

b. Medida de estimación del tejido graso subcutáneo.

P	**L**	I	E	**G**	U	E

c. Distancia entre ambas manos con los brazos en máxima extensión en amplitud lateral.

E	N	**V**	E	R	**G**	A	D	**U**	R	A

9. La valoración antropométrica de la composición corporal constituye una herramienta de gran valor para la determinación de...

a. ... los niveles de obesidad.
b. ... el estado nutricional.
c. ... el éxito deportivo.
d. Todas las opciones son correctas.

10. Elija la palabra correcta entre las que se encuentran entre paréntesis.

La hidrodensitometría es una (**técnica**/unidad) de medida basada en el cálculo de (**peso**/talla) corporal en (mojado/seco) y el cálculo del mismo en (**inmersión**/emersión), tomando en consideración el volumen de liquido (evaporado/**movilizado**).

11. La distribución corporal de tejido adiposo puede ser:

a. Glicoide o androide.
b. Obesidad pera u obesidad ciruela.
c. Androide o ginecoide.
d. Obesidad manzana o delgadez extrema.

12. ¿Cómo se denomina la prueba consistente en un examen, sin riesgo sobre la salud, mediante rayos X, que trata de comparar la densidad ósea óptima con un criterio preestablecido?

Densiometría ósea.

13. En lo que a pliegues grasos se refiere, el situado en el punto medio de la parte anterior del brazo, es el pliegue...

a. ... suprailíaco.
b. ... axilar.
c. ... bicipital.
d. ... pectoral.

14. ¿A qué medida antropométrica hacen referencia los siguientes acrónimos?

a. ACT.: **Agua Corporal Total.**
b. MG.: **Masa Grasa.**
c. IMC.: **Índice de Masa Corporal.**
d. MLG.: **Masa Libre de Grasa.**

15. Un sujeto con un valor T de composición corporal de -2 presenta...

a. ... osteopenia.
b. ... déficit homeopático.
c. ... osteoporosis grave.
d. Todas las opciones son incorrectas.

Solucionario Capítulo 5

1. **La ausencia de oxígeno y ácido láctico o lactato es característica del...**

    a. ... metabolismo aeróbico aláctico.
    b. ... metabolismo anaeróbico láctico.
    c. ... metabolismo aeróbico láctico.
    d. ... metabolismo anaeróbico aláctico.

2. **Los principios inmediatos orgánicos están constituidos por...**

    a. ... glúcidos, lípidos y prótidos.
    b. ... azúcares, grasas y proteínas.
    c. ... ácido láctico, O_2 y glucosa.
    d. Las opciones a y b son correctas.

3. **Señale al menos dos ventajas de la aplicación de pruebas o test de valoración biológio-funcional del entrenamiento.**

    - Diagnosticar las necesidades o deficiencias específicas de cada individuo, fundamentalmente morfológicas y fisiológicas.
    - Pronosticar sus posibilidades de rendimiento.
    - Información acerca de las adaptaciones de los sistemas biológicos y fisiológicos.
    - Determinar los niveles de esfuerzo de cada sujeto.
    - Identificar los componentes estructurales y morfológicos.

4. **Complete el siguiente cuadro de palabras cruzadas con los términos referentes a las siguientes definiciones:**

    - **Producto de desecho muscular derivado de esfuerzos intensos y duraderos.**
    - **Proporción de energía aportada por una vía energética por unidad de tiempo.**
    - **Cantidad total de energía capaz de suministrar una vía energética.**
    - **Potencia aeróbica máxima.**

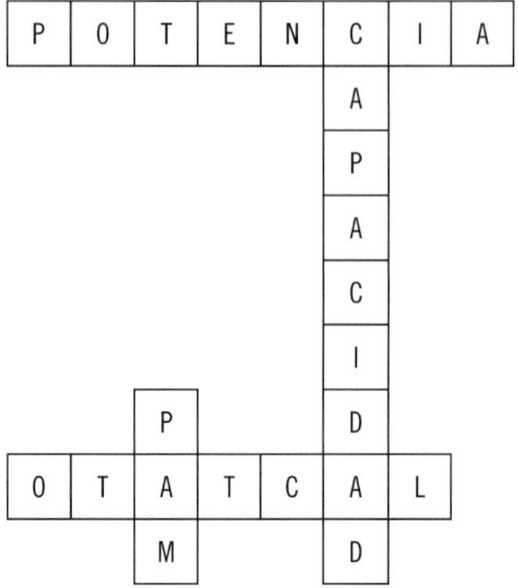

5. **Complete la siguiente oración:**

   El punto máximo en el que el consumo de oxígeno, independientemente del continuo incremento del esfuerzo en intensidad, no experimenta un ascenso se denomina **umbral anaeróbico o umbral de lactato.**

6. **¿Qué test de los estudiados no atiende a la evaluación de la resistencia aeróbica?**

   a. Test de Rockport
   b. Test de Conconi
   c. Test de Astrand y Rythming
   d. Test de Cooper

7. **Respuesta múltiple. ¿Mediante qué procedimientos es posible determinar el umbral anaeróbico?**

   a. Medición de concentración de lactato en aire.
   b. Cálculo del consumo máximo de oxígeno.
   c. Medición de concentración de lactato en sangre.
   d. Control de latidos por minuto.

8. **La capacidad física consistente en un movimiento motriz empleando el menor tiempo posible con la mayor eficacia es:**

    a. **Velocidad gestual**
    b. Fuerza explosiva
    c. Velocidad cíclica
    d. Resistencia aeróbica aláctica

9. **¿Qué dos periodos componen el tiempo de reacción?**

    a. Fase lactante y fase de contracción.
    b. **Momento latente y período de contracción.**
    c. Periodo latente y periodo de concentración.
    d. Periodo neural y supercompensación.

10. **Indique si las siguientes afirmaciones son verdaderas o falsas:**

    a. La fuerza explosiva se compone de un solo ciclo de trabajo muscular.

    ☑ **Verdadero**
    ☐ Falso

    b. El test de salto horizontal ayuda a medir la fuerza explosivo-elástica.

    ☐ Verdadero
    ☑ **Falso**

    c. Tanto la fuerza explosivo-elástica como la explosivo-elástica-refleja se desarrollan con un doble ciclo de trabajo muscular.

    ☑ **Verdadero**
    ☐ Falso

11. **¿Cuál de las siguientes fórmulas se corresponde con el Índice de Elasticidad (IE)?**

    a. **IE = (CMJ – SJ) x 100 / SJ.**
    b. IE = (CMJ – SJ) x 100 / DJ.
    c. IE = (CMJ – SJ) x 100 / UAn.
    d. IE = (SJ – CMJ) x 100 / SJ.

12. Relacione cada prueba con la capacidad o parámetro biofisiológico que evalúa.

a. Test de Abalakov.
b. Test de Conconi.
c. Drop Jump.
d. Test de Thomas.

d. Elasticidad muscular.
a. Fuerza explosivo-elástica.
c. Fuerza explosivo-elástica-refleja.
b. Umbral anaeróbico.

13. Los componentes de la amplitud de movimiento son:

a. Elongación muscular y rotación articular.
b. Acortamiento muscular y elasticidad muscular.
c. Elasticidad muscular y movilidad articular.
d. Flexibilidad e inestabilidad articular.

14. La goniometría es la ciencia encargada de...

a. ... medir las alturas anatómicas de las articulaciones respecto del suelo.
b. ... determinar los movimientos propios de los ejes corporales en posición anatómica.
c. ... estimar la elasticidad tendinosa en reposo.
d. ... evaluar la movilidad articular mediante mediciones angulares de las articulaciones.

15. Elija la palabra correcta entre las que se encuentran entre paréntesis:

a. Los elementos (**elásticos**/estáticos) musculares pueden ser (**activos**/dinámicos) o pasivos.
b. La médula espinal es la encargada de los arcos (**reflejos**/elásticos) o movimientos (voluntarios/**involuntarios**) y (conscientes/**inconscientes**).
c. Los test de evaluación de la elasticidad muscular buscan la valoración del (menor/**mayor**) grado de (**estiramiento**/acortamiento) posible a alcanzar por un grupo muscular.

Solucionario Capítulo 6

1. **Complete los espacios libres de la siguiente oración:**

   Los **test de campo** posibilitan la obtención de información **objetiva** por la influencia que pueden ejercer aquellas circunstancias no **controlables,** como las condiciones **climatológicas.**

2. **¿Cuál de los siguientes test son aptos para la determinación de la resistencia aeróbica?**

   a. Test del Escalón de Wells
   b. Test de Course Navette
   c. Test de Cooper
   d. Las opciones b y c son correctas.

3. **Indique si las siguientes afirmaciones son verdaderas o falsas.**

   a. El test de Cooper consiste en recorrer 12 km empleando el menor tiempo posible.

   ☐ Verdadero
   ☑ **Falso**

   b. El test de Course Navette se basa en completar distancias de ida y vuelta de 20 metros cada una por cada señal acústica.

   ☐ Verdadero
   ☑ **Falso**

   c. En el test del Escalón Harvard se ha de subir y bajar un escalón durante 5 minutos, siguiendo los pies una secuencia estable de actuación.

   ☑ **Verdadero**
   ☐ Falso

4. Las siglas IAC corresponden a...

a. ... Instituto de Actividad Cardiovascular.
b. ... Indicio de Anomalía Cardíaca.
c. ... Índice de Aptitud Cardiorrespiratoria.
d. ... Índice de Agilidad en Carrera.

5. La fuerza-resistencia representa la capacidad muscular de soportar esfuerzos...

a. ... de diversa duración en presencia de fatiga.
b. ... de elevada intensidad en espacios cortos de tiempo.
c. ... movimientos de gran amplitud en presencia de lactato.
d. ... de alta intensidad en espacios elevados de tiempo.

6. Indique mediante flechas la zona o zonas del cuerpo encargadas de valorar cada test de campo referido a la capacidad de fuerza- resistencia:

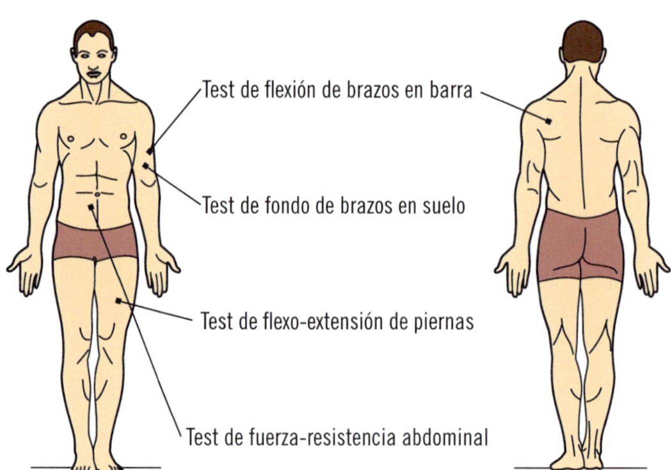

a. Test de flexión de brazos en barra.
b. Test de fondos de brazos en suelo.
c. Test de flexo-extensión de piernas.
d. Test de fuerza-resistencia abdominal.

7. Indique si las siguientes afirmaciones son verdaderas o falsas:

a. En el test de fuerza-resistencia abdominal es preciso mantener las piernas elevadas en flexión de 90º.

☐ Verdadero
☑ **Falso**

b. La colocación ideal de los pies en el test de flexo-extensión de piernas es aquella en la que un pie se sitúa adelantado al otro para favorecer la generación de tensión muscular.

☐ Verdadero
☑ **Falso**

c. En el test de flexión de brazos en barra es preciso que las manos se coloquen a una anchura similar a la de los hombros.

☑ **Verdadero**
☐ Falso

d. Es preciso mantener el cuerpo en completo suspenso de una barra para la ejecución del test de dominadas.

☑ **Verdadero**
☐ Falso

8. Encuentre los siguientes instrumentos y materiales de medida necesarios para la realización de test de campo: cronómetro, barra, ergómetro y escalón.

C	**C**	R	E	N	O	Z	C	M	O	**B**	C	R
G	Q	**R**	A	R	D	C	V	N	T	**A**	Q	R
N	L	E	**O**	S	F	S	F	P	F	**R**	L	E
S	E	O	**R**	**N**	V	A	D	I	G	**R**	E	O
E	S	P	**T**	M	**O**	P	A	U	U	**A**	S	P
E	Y	L	**E**	N	T	**M**	E	Q	A	C	Y	L
R	T	F	**M**	P	F	H	**E**	S	C	S	T	F
T	I	J	**O**	I	G	G	F	**T**	Q	E	I	J
U	B	K	**G**	U	U	F	H	S	**R**	M	B	K
O	G	D	**R**	Q	A	A	I	L	N	**O**	G	D
A	V	X	**E**	**S**	**C**	**A**	**L**	**O**	**N**	G	S	A

9. ¿A qué test hacen referencia las siguientes nociones de ejecución?

a. Posición inicial: tendido prono.
b. Brazos en extensión con manos apoyadas en el suelo a la anchura de los hombros.
c. Punteras de los pies en contacto con el suelo o sobre una plataforma estable.

Test de fondos de brazos en suelo.

10. ¿Cuál de los siguientes test de campo no se corresponde con la evaluación de la flexibilidad?

a. Test de Wells.
b. Test de flexibilidad de hombros.
c. Test del cajón de Astrand.
d. Test de flexión profunda de tronco.

11. Relacione las siguientes imágenes con sus test correspondientes.

a. Test de Wells.
b. Test de flexión profunda de tronco.
c. Test de flexibilidad de hombros
d. Test de flexión de tronco hacia delante.

c.

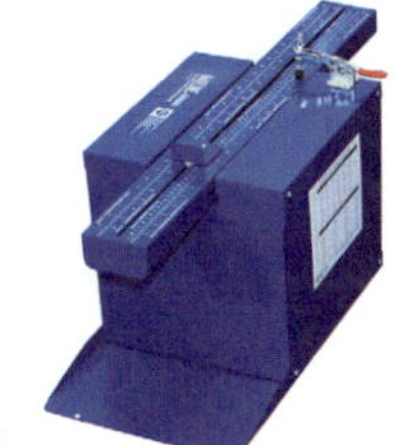

a.

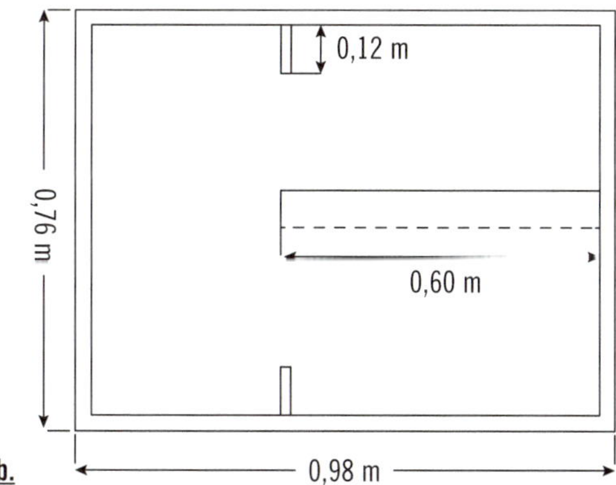

b.

d. 

12. En la actividad muscular, las siglas CEA hacen referencia a...

a. ... ciclo de estiramiento-acortamiento.
b. ... contracción explosiva aláctica.
c. ... ciclo de elongación activa.
d. ... contracción estática activa.

13. Si una persona obtiene un IAC de 72 será clasificado dentro del nivel...

a. ... pobre.
b. ... promedio.
c. ... bueno.
d. ... muy bueno.

14. Complete y resuelva los siguientes paneles:

a. Test de campo en el que se tiene que realizar una flexión de brazos en suspensión de una barra.

D	**O**	**M**	I	**N**	**A**	**D**	**A**	S

b. Nombre que también recibe el test de Course Navette en honor a su creador.

L	**E**	**G**	E	**R**	-	**L**	A	**M**	B	**E**	**R**	**T**

c. Test de flexibilidad en que se busca una máxima flexión de tronco desde posición sentada y con los pies en contacto con el aparato de medida.

W	**E**	L	**L**	S

15. En el test de Wells, ¿qué valores de referencia ocuparía un sujeto femenino clasificado con un grado de flexibilidad regular?

a. 15 - 12
b. < 4
c. 11 - 7
d. 6 - 4

Solucionario Capítulo 7

1. Indique si las siguientes afirmaciones son verdaderas o falsas.

a. El aparato locomotor está constituido por el sistema óseo-articular, el sistema muscular y el sistema nervioso.

☐ Verdadero
☑ **Falso**

b. El sistema óseo-articular lo forman los huesos, las articulaciones y los músculos.

☐ Verdadero
☑ **Falso**

c. Las articulaciones son los puntos de unión entre dos o más huesos, permitiendo el movimiento y amortiguando las fuerzas reactivas que inciden sobre el cuerpo.

☑ **Verdadero**
☐ Falso

2. Indique qué tres tipos de músculos se pueden distinguir en base a su estructura y función.

Músculo liso, estriado cardíaco y estriado esquelético.

3. Las alteraciones morfológicas de la postura se dividen en dos grandes grupos. Estos son:

a. Posturas incorrectas y paramorfismos.
b. Patologías paramédicas y actitudes viciosas.
c. Paramorfismos y dismorfismos.
d. Dismorfismos y amorfismos.

4. ¿Cuál de las siguientes afirmaciones sobre la actitud escoliótica es incorrecta?

a. No existe una rotación de las vértebras implicadas en la gibosidad.
b. Desaparece al realizar una flexión lumbar de 90° o al sentarse.
c. Suele ser frecuente en individuos con escaso tono muscular o con hiperlaxitud.
d. Es una alteración dinámica de la estructura osteoarticular.

5. Indique a qué actitudes posturales incorrectas hacen referencia estas imágenes:

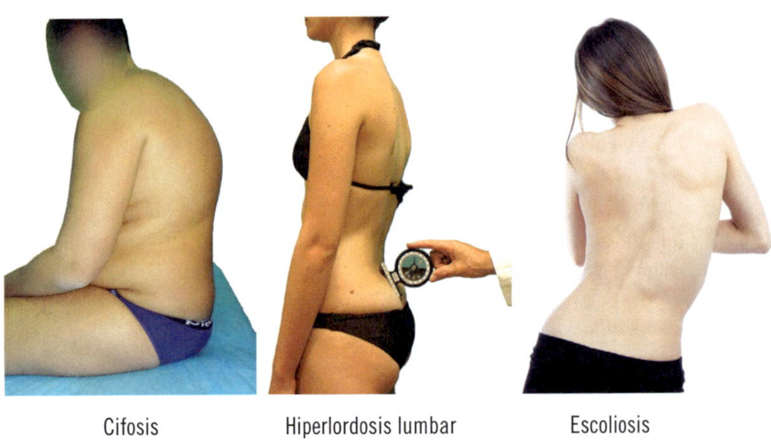

Cifosis — Hiperlordosis lumbar — Escoliosis

6. Complete los espacios libres de las siguientes oraciones.

- La patología conocida como **coxa vara** se caracteriza por una disminución del ángulo cervicodiafisario del fémur por debajo de 110°-115°.
- La **anteversión pélvica** es la basculación pélvica estática hacia delante, por un mayor tono de la musculatura lumbar y flexora de cadera.

7. Relacione los siguientes términos:

a. *Genu Valgo.*
b. *Genu Varum.*
c. *Genu Recurvatum.*
d. *Genu Flexum.*

c. Hiperextensión de la articulación de la rodilla.
a. Desviación de la rodilla que da lugar a una excesiva separación entre los tobillos.
b. Importante separación de las rodillas, no siendo capaz el sujeto de conseguir el contacto entre ellas.
d. Deformidad en flexión de rodilla que conlleva el acortamiento de la musculatura posterior del muslo.

8. Encuentre los siguientes cinco términos relacionados con los planos y posiciones corporales empleados en el análisis postural: prono, supino, sagital, frontal y transversal.

C	**P**	R	**F**	**R**	**O**	**N**	**T**	**A**	**L**	P
S	Q	**R**	A	R	D	C	V	N	**A**	F
U	G	E	**O**	S	F	S	F	P	**T**	R
P	J	O	R	**N**	V	A	D	I	**I**	L
I	E	P	R	M	**O**	P	A	U	**G**	I
N	K	L	J	N	T	M	E	Q	**A**	A
O	L	F	U	P	F	H	O	S	**S**	H
T	**R**	**A**	**N**	**S**	**V**	**E**	**R**	**S**	**A**	**L**

9. Encuentre la palabra oculta: ¿A qué término hace referencia la siguiente definición?

Basculación pélvica estática hacia atrás por la descompensación de tono muscular entre la musculatura flexora de cadera y lumbar, y la musculatura extensora de cadera y abdominal, siendo superior en estas últimas.

R	E	**T**	R	O	**V**	E	R	S	I	Ó	N		P	**É**	L	V	I	C	**A**

10. ¿A qué alteración postural hacen referencia las siguientes afirmaciones?

a. Alteración morfofuncional del tobillo.
b. Se produce debido a un aumento de la bóveda plantar.
c. Se puede manifestar por dedos en garra.

Pie cavo.

11. ¿A qué tipo de pie corresponden estas huellas?:

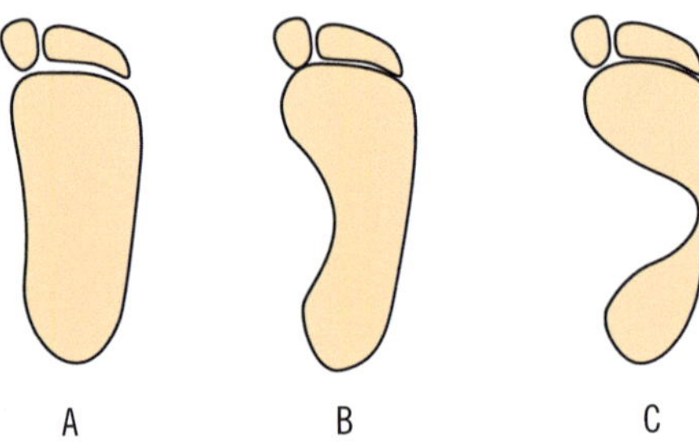

a. A. Pie plano, B. Pie neutro y C. Pie cavo.
b. A. Pie normal, B. Pie neutro y C. Pie cavo.
c. A. Pie cavo, B. Pie plano y C. Pie normal.
d. Todas las opciones son incorrectas.

12. Indique cuáles de las siguientes acciones son pautas protocolarias a seguir en la valoración patológica de la columna vertebral.

	✓	✗
Colocar al sujeto en bipedestación.	X	
Pesar al sujeto con una báscula.		X
Comprobar la alineación rectilínea del raquis con ayuda de una cuerda plomada.	X	
Prestar atención a la posible inclinación corporal hacia uno de los lados.	X	
Mantener los pies en ángulo de 45º y las rodillas en flexión.		X

13. Respuesta múltiple. ¿Qué técnicos especialistas pueden participar en la colaboración interdisciplinar de la valoración postural?

a. Nutricionista
b. Fisioterapeuta
c. Podólogo
d. Endocrino

14. Relacione los instrumentales de medida con las partes del cuerpo en las que se emplean.

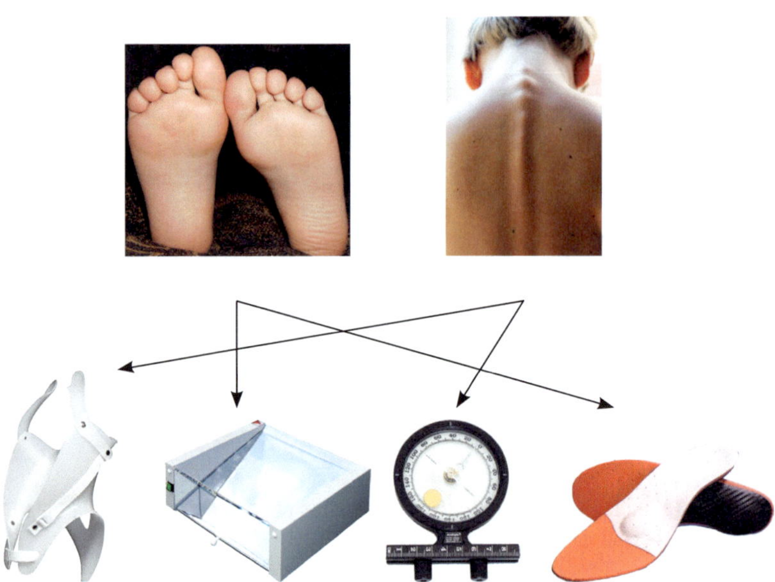

15. El uso del corsé como medida terapéutica es pertinente ante una hipercifosis...

a. ... inferior a 40º.
b. ... superior a 60º.
c. ... entre 40º y 60º.
d. ... entre 20º y 40º.

Solucionario Capítulo 8

1. Un cuestionario de valoración previa sobre hábitos de actividad física debe incluir...

a. ... antecedentes deportivos.
b. ... datos antropométricos personales.
c. ... factores de riesgo influyentes.
d. Todas las opciones son correctas.

2. Enumere al menos tres ámbitos de aplicación en los que puede ser útil la utilización de un test de valoración de la condición física.

- Ámbito educativo.
- Centros de alto rendimiento deportivo.
- Centros de rehabilitación o fisioterapia.
- Centros deportivos.

3. ¿Qué siglas hacen mención al cuestionario que lleva por nombre International Physical Activity Questionnaire?

a. GPAQ
b. IPAQ
c. YPAQ
d. PARQ

4. ¿A qué test de evaluación previa hacen referencia estas premisas?

a. Recomendado para personas de entre 15 y 69 años.
b. El sujeto es apto para realizar ejercicio físico si responde “no” a todas las preguntas.
c. También conocido por las siglas C-AAF.

PAR-Q

5. Escoja la opción correcta de las indicadas entre paréntesis:

La (**entrevista personal inicial**/exploración médica previa) constituye el primer paso en la prescripción de un programa de (**ejercicio**/salud), en ningún caso omisible puesto que decantará la (**evolución**/reproducción) de los efectos propios del ejercicio físico en beneficio o detrimento del estado de (**salud**/rendimiento) del sujeto implicado.

6. Encuentre en esta sopa de letras afecciones que condicionan la orientación del ejercicio.

D	I	O	T	**A**	**M**	**S**	**A**	R	H	N	B
H	**I**	**P**	**E**	**R**	**T**	**E**	**N**	**S**	**I**	**O**	**N**
E	T	**A**	G	I	F	T	A	S	N	I	K
M	R	H	**B**	T	C	V	I	A	U	F	**A**
B	A	O	P	**E**	F	R	W	G	Q	R	**N**
A	L	J	U	K	**T**	I	E	O	A	D	**E**
S	L	O	B	H	O	**E**	L	D	R	S	**M**
D	U	P	L	I	G	M	**S**	I	T	L	**I**
C	**O**	**L**	**E**	**S**	**T**	**E**	**R**	**O**	**L**	O	**A**

7. Complete los espacios libres de la siguiente oración.

El propósito del historial **deportivo** es recopilar información sobre aquellas actividades de mayor preferencia en el individuo y que le suponen mayor **motivación** para que sean tenidas en cuenta en el diseño del programa de **ejercicio.**

8. De los siguientes aspectos señalados indique cuáles formarían parte del historial médico y cuáles del historial deportivo.

a. Sedentarismo
b. Consumo de fármacos
c. Diabetes

d. Experiencia física previa
e. Enfermedad congénita

Historial médico	Historial deportivo
- Consumo de fármacos - Diabetes - Enfermedad congénita	- Sedentarismo - Experiencia física previa

9. Aquellas entrevistas en las que es el entrevistado quien lleva la iniciativa se conocen como...

a. ... entrevistas no dirigidas o no estructuradas.
b. ... entrevistas semidirigidas o mixtas.
c. ... entrevistas dirigidas o estructuradas.
d. ... entrevistas personales.

10. Descubra la palabra oculta:

Es una de las habilidades sociales más destacadas dentro del desarrollo personal y consiste en ser capaz de experimentar aquello que otra persona siente, piensa o sufre.

E	M	**P**	**A**	T	**I**	**A**

11. Escriba en cada casilla en blanco el término correspondiente a cada elemento presente en el proceso de comunicación.

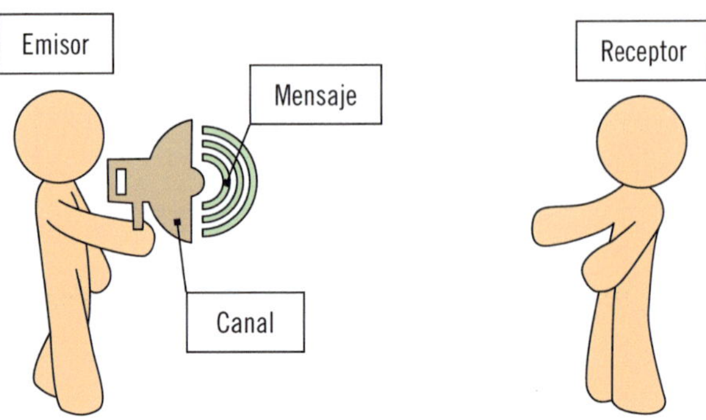

12. Complete el siguiente ejercicio con las definiciones aportadas.

HORIZONTAL:

1. Retroalimentación.
2. Información objetiva transmitida por el emisor hacia el receptor de forma intencionada.
3. Medio en el que la información es transmitida.
4. Sujeto que recibe el mensaje.

VERTICAL:

1. Tipo de comunicación específica del ser humano en la que se usa la palabra para expresar un mensaje determinado.
2. Transmisión de información entre, al menos, dos agentes o sujetos.
3. Persona encargada de transmitir el mensaje.

			1.										
			V				2.						
1.	F	E	E	D	B	A	C	K					
			R				O						
			B			2.	M	E	N	S	A	J	E
			A				U						
	3.		L				N						
	E						I						
	M					3.	C	A	N	A	L		
	I						A						
	S						C						
	O						I						
4.	R	E	C	E	P	T	O	R					
							N						

13. A aquella habilidad comunicativa intermedia entre la agresividad y la pasividad se la conoce como...

a. ... estado neutro.
b. ... tranquilidad.
c. ... escucha activa.
d. ... asertividad.

14. Relacione cada tipo de observación con su definición:

a. Observación estructurada.
b. Observación no participante.
c. Observación no estructurada.
d. Observación participante.

<u>**b.**</u> El observador permanece ajeno al entorno de estudio donde se desarrolla el evaluado, sin participar activamente.
<u>**d.**</u> El observador se integra como participante activo dentro del entorno en el que se encuentra el sujeto a observar.
<u>**a.**</u> El observador deja de tener una posición neutra para integrarse como participante activo dentro del entorno en el que se encuentra el sujeto a observar.
<u>**c.**</u> Esta técnica no recurre al empleo de instrumentos de recopilación de información, dejando cierto carácter abierto a los elementos observables.

15. En lo referente a protección de datos, ¿qué legislación se ha de tener siempre presente?

a. Ley Orgánica 15/1999, de 13 de diciembre.
b. El Código Civil Español.
c. La Ley Orgánica 3/2018, de 5 de diciembre, de Protección de Datos Personales y garantía de los derechos digitales.
d. Las opciones a y c son correctas.

Solucionario 2

Tratamiento de datos de una batería de tests, pruebas y cuestionarios de la valoración de la condición física, biológica y motivacional

Solucionario Capítulo 1

1. **De las siguientes frases, indique cuál es verdadera o falsa.**

   a. Todos los planos dividen el cuerpo en dos partes y contienen un eje sobre el que realiza el movimiento.

   ☑ **Verdadero**
   ☐ Falso

   b. El plano frontal contiene el eje transversal y el plano sagital contiene el eje longitudinal.

   ☐ Verdadero
   ☑ **Falso**

   c. La vuelta hacia delante se realiza en el plano sagital y en el eje longitudinal.

   ☐ Verdadero
   ☑ **Falso**

2. **Complete los siguientes espacios con palabras:**

   Los huesos del cuerpo son **largos, cortos, planos** y sesamoideos. La parte del centro se llama **diáfisis** y los extremos **epífisis.** El esternón es un ejemplo de hueso **plano,** el húmero es un ejemplo de hueso **largo** y los huesos del carpo, de los **cortos.**

3. **Indique los tipos de fibras musculares y cuáles son sus características.**

   Fibras Tipo I: acciones prolongadas y con menores requerimientos de fuerza, y mayor resistencia a la fatiga.

   Fibras Tipo IIa: acciones rápidas de cortas duración de características intermedias.

   Fibras Tipo IIx: acciones rápidas o explosivas y de corta duración, con menor resistencia a la fatiga.

4. De las siguientes frases, indique cuál es verdadera o falsa.

a. El recto anterior, el oblicuo interno y el oblicuo externo se encargan principalmente de la flexión de la columna vertebral.

- ☑ **Verdadero**
- ☐ Falso

b. El movimiento de abducción o separación de la cadera lo realizan los músculos aductores mayor, mediano y menor.

- ☐ Verdadero
- ☑ **Falso**

c. La pronación y supinación se realizan en el miembro superior, principalmente por los músculos del brazo.

- ☐ Verdadero
- ☑ **Falso**

5. Aparte de la acción de los músculos, ¿gracias a qué puede realizar la columna vertebral los movimientos de flexo-extensión, lateralización, rotación y circunducción (flexo-extensión y lateralización)?

A la articulación de las vértebras mediante los discos intervertebrales.

6. Indique cuál de las siguientes afirmaciones es la correcta:

a. Durante la inspiración, el diafragma asciende, por lo que la caja torácica se expande; sin embargo, durante la espiración, el diafragma desciende y por ende la caja torácica recupera su posición inicial.

b. Durante la inspiración, el diafragma desciende y, en consecuencia, la caja torácica se expande; sin embargo, durante la espiración el diafragma se relaja y, por lo tanto, la caja torácica recupera su posición inicial.

7. ¿Qué es la reserva de la frecuencia cardíaca y qué implica su aumento?

Es la diferencia entre la frecuencia cardíaca máxima y la frecuencia cardíaca de reposo. Cuanto más amplia sea, menor trabajo cardíaco para una intensidad dada.

8. Relacione las siguientes respuestas del sistema nervioso autónomo simpático:

a. Contractibilidad cardíaca
b. Motilidad digestiva
c. Flujo sanguíneo
d. Sudoración

b. Disminuye
a, c y d. Aumenta

9. ¿Cuál es el concepto de consumo máximo de oxígeno y cuáles son sus siglas?

El concepto de consumo máximo de oxígeno (VO_2 máx) es la medición cuantitativa de la capacidad máxima de sintetizar ATP de forma aeróbica.

10. ¿Qué consecuencia tiene el entrenamiento de ejercicios moderados y de larga duración?

El entrenamiento de ejercicios moderados y de larga duración aumenta la capacidad de utilizar los ácidos grasos, por lo que retarda el agotamiento de glucógeno muscular y hepático y, en consecuencia, retrasa la aparición de la fatiga.

11. De las siguientes frases, indique cuál es verdadera o falsa.

a. En ejercicios de alta intensidad no se elimina el lactato, producto de la glucólisis anaeróbica, lo que induce a la fatiga.

☐ Verdadero
☑ **Falso**

b. La escala de fatiga de Borg permite valorar el estado de fatiga tras un ejercicio o un entrenamiento.

☑ **Verdadero**
☐ Falso

c. Existen dos tipos de sobreentrenamiento: simpático y parasimpático.

☑ **Verdadero**
☐ Falso

12. ¿En qué consisten las comúnmente denominadas agujetas? ¿Cuánto pueden durar?

Se trata del dolor muscular tardío y supone un síntoma de falta de recuperación o de forma física. Su duración puede abarcar desde inmediatamente después del ejercicio hasta 72 horas después.

13. Complete los siguientes espacios con palabras:

Los masajes proporcionan un **aumento** de flujo **sanguíneo** en la zona masajeada, con su consiguiente efecto **termorregulador.** Además, relaja la **musculatura** que se encuentra deteriorada tras el ejercicio. Poseen un efecto **psicológico** positivo sobre la tensión, la fatiga y el vigor.

14. ¿Cuáles son las consecuencias de no realizar un adecuado equilibrio hídrico durante el ejercicio?

Las consecuencias de no realizar un adecuado ajuste entre los aportes y las pérdidas de agua durante el ejercicio tienen su efecto sobre la termorregulación y el gasto cardíaco.

15. Enumere las formas de pérdida de temperatura interna por parte del organismo.

1. Radiación
2. Conducción
3. Convección
4. Evaporación

Solucionario Capítulo 2

1. **De las siguientes frases, indique cuál es verdadera o falsa.**

    a. La objetividad consiste en que los datos se repitan en situaciones diferentes.

    ☐ Verdadero
    ☑ **Falso**

    b. La fiabilidad radica en estandarizar las condiciones de medición.

    ☐ Verdadero
    ☑ **Falso**

    c. La validez asegura que la medición se ajuste al objetivo planteado.

    ☑ **Verdadero**
    ☐ Falso

2. **Relacione los objetos de medición con sus respectivos parámetros:**

    a. Peso
    b. Envergadura
    c. Perímetros
    d. Pliegues cutáneos

    <u>d.</u> Plicómetro
    <u>c.</u> Cinta métrica
    <u>a.</u> Báscula
    <u>b.</u> Tallímetro

3. **Una persona tiene los siguientes valores de pliegues cutáneos: tríceps 7, subescapular 8, suprailíaco 11 y abdominal 16. ¿Qué fórmula se ha de utilizar para valorar su porcentaje de grasa?**

    Fórmula de Faulkner: % grasa = (suma de 4 pliegues* x 0,153) + 5,783

    % grasa = (7 + 8 + 11 + 16 x 0,153) + 5,783 = 12,20 %

4. **De las siguientes frases, indique cuál es verdadera o falsa.**

    a. El test de salto vertical mide la fuerza del tren inferior a través de la altura alcanzada.

        ☑ **Verdadero**
        ☐ Falso

    b. El salto horizontal a pies juntos mide la fuerza del tren inferior a través de la distancia alcanzada.

        ☑ **Verdadero**
        ☐ Falso

5. **¿A qué intensidad ha realizado una persona su entrenamiento de levantamiento de pesas si completa 6 repeticiones máximas con una carga determinada?**

    Al 85 % RM.

6. **Según la fórmula % 1RM = 102,78 - 2,78 x nº repeticiones, ¿qué intensidad representa la carga de 50 kg que se ha conseguido levantar 8 veces?**

    % 1RM = 102,78 - 2,78 x 8 = 80,54 %

7. **Indique cuál de las siguientes afirmaciones es correcta:**

    a. **Es interesante establecer comparaciones en la evolución de la frecuencia cardíaca de reserva como consecuencia de la realización del ejercicio físico.**
    b. Es interesante establecer comparaciones en la evolución de la frecuencia cardíaca máxima como consecuencia de la realización del ejercicio físico.

8. **¿Cuál es el consumo de oxígeno de una actividad como subir escaleras con valor de 9 MET?**

    1 MET = 3,5 ml / kg / min → 9 MET = 31,5 ml / kg / min

9. Relacione las pruebas de valoración psicológica con su medición.

a. EuroQol
b. POMS
c. PSQI

<u>b.</u> Estados de ánimo
<u>c.</u> Alteraciones del sueño
<u>a.</u> Calidad de vida

10. Según la fórmula de la RCC [RCC= cintura (cm) / cadera (cm)], ¿qué evaluación tendría una mujer con un cintura de 86 cm y una cadera de 113 cm?

RCC = 86 / 113 = 0,76. Se encuentra entre los valores normales sin riesgo de enfermedad.

11. Una persona con una TMB de 2.000 kcal realiza una actividad ligera durante 5 horas. Según la fórmula 2.5 x TMB / h x nº horas actividad ligera, ¿qué gasto energético supone esta actividad?

TMB actividad ligera = 2.5 x 2.000 / 5 = 1.000 kcal

12. Complete los espacios con palabras:

El diagnóstico depende de la captación y evaluación de los **parámetros** relevantes en los **objetivos,** debido a que los **resultados** obtenidos son los que se utilizarán para establecer **evoluciones** y **comparaciones.**

13. De las siguientes frases, indique cuál es verdadera o falsa.

a. Los datos cualitativos son medidas subjetivas de la realidad que generalmente siguen un razonamiento deductivo.

☐ Verdadero
☑ **Falso**

b. Los datos cuantitativos son medidas objetivas de la realidad que se acompañan de razonamientos deductivos.

☑ **Verdadero**
☐ Falso

14. De los componentes de la carga de entrenamiento, ¿qué es la densidad?

La densidad es la relación entre el tiempo de trabajo y el tiempo de descanso.

15. ¿Cuál es la finalidad de un programa de ejercicios orientado a la salud?

Un cambio en el estilo de vida desde una condición sedentaria hacia la inclusión de la actividad física en las tareas cotidianas, además de ejercicio físico.

Solucionario Capítulo 3

1. De las siguientes frases, indique cuál es verdadera o falsa.

a. La población posee más casos que la muestra.

☑ **Verdadero**
☐ Falso

b. La muestra posee más casos que la población.

☐ Verdadero
☑ **Falso**

2. De las siguientes frases, indique cuál es verdadera o falsa.

a. La media es una medida de la estadística inferencial.

☐ Verdadero
☑ **Falso**

b. La media es una medida de la estadística descriptiva.

☑ **Verdadero**
☐ Falso

3. ¿Con qué medida de la estadística descriptiva se corresponde la reserva de frecuencia cardíaca?

Con el recorrido, la diferencia entre el valor máximo y el mínimo.

4. Relacione las distintas variables con su correspondiente categoría:

a. Calorías
b. Género
c. Distancia (m)
d. Sedentarismo

b y d. Cualitativas
a y c. Cuantitativas

5. Calcule las frecuencias absolutas y relativas, así como sus frecuencias acumuladas de los siguientes datos: 14, 15, 14, 17, 16, 18, 17, 15, 18, 17.

EDAD	FA	FAA	FR	FRA
14	2	2	0,2	0,2
15	2	4	0,2	0,4
16	1	5	0,1	0,5
17	3	8	0,3	0,8
18	2	10	0,2	1

6. ¿Qué tipo de gráfico utilizaría para representar la evolución del peso respecto al tiempo?

Un polígono de frecuencias.

7. ¿Qué tipo de gráfico utilizaría para representar las diferencias de sexo en una clase de aeróbic?

Un diagrama de barras.

8. ¿Qué tipo de representación gráfica utilizaría para representar el porcentaje de tiempo empleado en la realización de diferentes actividades a lo largo de un programa de ejercicio?

Un diagrama de sectores.

9. ¿Qué tipo de valoración realiza el programa *Gnome Fitness?*

Valoraciones de diagnóstico de tipo antropométrico.

10. De las siguientes frases, indique cuál es verdadera o falsa.

a. El pulsómetro, entendido como el conjunto de reloj y banda con dispositivo, es un *hardware.*

☑ **Verdadero**
☐ Falso

b. El pulsómetro, entendido como el conjunto de reloj y banda con dispositivo, es un *software.*

☐ Verdadero
☑ **Falso**

11. Indique cuál de las siguientes afirmaciones es correcta.

a. **Las aplicaciones para dispositivos móviles registran parámetros de valoración física y fisiológica del ejercicio.**
b. Las aplicaciones para dispositivos móviles no registran parámetros de valoración física y fisiológica del ejercicio.

12. En una hoja de cálculo, escriba la función que introduciría en la barra de fórmulas para el cálculo de la FC máxima teniendo en cuenta que la edad está situada en la casilla A2.

= 220 - A2

13. Indique qué parámetros recogería en un documento de entrenamiento de fuerza.

La carga, el número de series y repeticiones y el tiempo de descanso.

14. ¿Mediante qué tecnología funciona la aplicación *Adidas Running?*

Emplean el GPS una vez que se instalan en el dispositivo móvil.

15. Complete los espacios con palabras:

En la comunicación de la información el primer paso es atender a las **necesidades especiales,** así como distinguir el trato a personas con alguna **discapacidad** o **limitaciones** de cualquier índole y conocer a quién se dirige la **información** para **presentarla** acorde a sus circunstancias.

Solucionario 3

Programación y coordinación de actividades de Fitness en una sala de entrenamiento polivalente

Solucionario Capítulo 1

1. De las siguientes frases, indique cuál es verdadera o falsa.

a. El espacio auxiliar está directamente relacionado con la práctica deportiva.

☐ Verdadero
☑ **Falso**

b. Los vestuarios y la recepción se consideran espacios auxiliares porque dan apoyo a la práctica deportiva.

☐ Verdadero
☑ **Falso**

c. El centro médico de una instalación es un ejemplo de espacio complementario.

☐ Verdadero
☑ **Falso**

2. Complete los siguientes espacios con palabras:

Las competencias sobre la legislación referente a **instalaciones deportivas** recaen en las **Comunidades Autónomas,** sin embargo, a nivel estatal se puede encontrar diversas normativas, como por ejemplo el código de **edificaciones técnicas,** el reglamento general de **Policía** de **espectáculos públicos** y **actividades recreativas,** y las normas **NIDE.**

3. Referido a la aplicación de normas de calidad en una instalación deportiva, ¿qué normativa garantiza la calidad en los equipamientos? ¿Es obligatoria?

Las normas UNE-EN garantizan las calidad de los equipamientos, y aunque no son de obligatorio cumplimiento, es recomendable su seguimiento.

4. De las siguientes frases, indique cuál es verdadera o falsa.

a. La sostenibilidad reduce el coste económico y el impacto medioambiental.

☑ **Verdadero**
☐ Falso

b. La accesibilidad trata de concienciar a la sociedad, permitiendo reducir los riesgos.

☐ Verdadero
☑ **Falso**

c. La seguridad se traduce en la baja probabilidad de que surjan situaciones de riesgo.

☑ **Verdadero**
☐ Falso

5. ¿Entre qué tipos de mantenimiento se puede diferenciar?

- Mantenimiento preventivo: aspectos técnico-legales de obligado cumplimiento y la limpieza.
- Mantenimiento correctivo: reposición o reparación de daño o deficiencias en materiales o instalaciones.

6. Indique qué afirmación de las siguientes es la correcta:

a. La limpieza es un mantenimiento correctivo, al igual que tareas de aspectos técnicos-legales como la reparación del estado del pavimento, la fachada, etc.
b. La limpieza es un mantenimiento preventivo, al igual que tareas de aspectos técnicos-legales como la revisión del estado del pavimento, la fachada, etc.

7. ¿Qué herramientas utilizaría para asegurar el control del estado del equipamiento?

Las normas de uso, el inventario y las fichas de seguimiento y control.

8. Relacione los siguientes aspectos con su correspondiente evaluación:

a. Circulaciones
b. Falsos techos
c. Evacuaciones
d. Maquinas de musculación

b. Semestral
a. Diaria
d. Semanal
c. Diaria

9. En una instalación con una recepción, dos vestuarios, una sauna, un almacén, dos salas de clases colectivas y una sala con zona cardiovascular y zona musculación, ¿cuántos espacios deportivos existen?

Tres espacios deportivos: dos salas de clases colectivas y una sala con dos zonas.

10. Según la norma NIDE 2021 Salas y pabellones, complete los requisitos mínimos:

a. Superficie en sala puesta a punto: **30 - 45 m^2.**
b. Superficie en sala de musculación: **48 - 72 m^2.**
c. Altura mínima: **3,20 m.**
d. Temperatura sin climatizar: **20 °C.**

11. De las siguientes frases, indique cuál es verdadera o falsa.

a. La ventilación en una sala no es importante si existen climatizadores y ventanas.

☐ Verdadero
☑ **Falso**

b. La ventilación debe permitir aporte de aire exterior limpio con un volumen mínimo de 45 m^3/h por deportista.

☑ **Verdadero**
☐ Falso

c. La puerta de acceso a una sala de musculación o puesta a punto será doble para permitir la entrada y salida de las máquinas.

   ☑ **Verdadero**
   ☐ Falso

12. **¿Qué diferencia las zonas de musculación de las de peso libre?**

En la zona de musculación se practican actividades relacionadas con la fuerza muscular a través de máquinas que guían el movimiento, y en la zona de peso libre se hace con elementos como mancuernas, discos y barras, que ofrecen libertad en sus movimientos.

13. **Ordene las siguientes máquinas en sus correspondientes zonas: espejos, espalderas, remoergómetro y máquina de glúteos.**

   a. Zona cardiovascular: **Remoergómetro.**
   b. Zona de musculación: **Máquina de glúteos.**
   c. Zona de peso libre: **Espejos.**
   d. Zona de estiramientos: **Espaldera.**

14. **¿Cuáles son los criterios que se recogen en la norma DALCO para asegurar la accesibilidad a una instalación?**

Itinerario exterior, acceso a la instalación, vestíbulo y recepción, deambulación por la instalación, la práctica deportiva y aseos y vestuarios.

15. **Para asegurar la adecuación de una sala de musculación a personas con movilidad reducida, ¿cuántas máquinas deben adaptarse?**

Una por grupo muscular.

Solucionario Capítulo 2

1. Enumere las etapas de generales del plan estratégico.

1. Análisis de diagnóstico.
2. Definición de objetivos.
3. Selección de estrategias y medios.
4. Puesta en práctica.
5. Revisión y control de resultados.

2. De las siguientes frases, indique cuál es verdadera o falsa.

a. La gerencia debe ocuparse de las cuestiones laborales y fiscales.

☑ **Verdadero**
☐ Falso

b. La dirección técnica es un área prescindible, cada monitor se puede ocupar de su tarea.

☐ Verdadero
☑ **Falso**

c. La recepción debe ocuparse del control de accesos.

☑ **Verdadero**
☐ Falso

3. ¿Qué elemento de la planificación de actividades determina en gran medida la satisfacción y la calidad percibida por el usuario? ¿Qué tareas son más importantes?

Los equipamientos y materiales, por lo que su reserva y mantenimiento han de ser muy atendidas.

4. **Determine los horarios para una actividad colectiva como yoga, y razone la respuesta.**

A primeras hora de la mañana, orientado a personas mayores y otros con ocupaciones laborales vespertinas, y principalmente a últimas horas de la tarde (19 hasta 22 horas) para personas con ocupaciones laborales.

5. **Relacione los grupos poblacionales con su característica:**

a. Edad escolar
b. Adultos
c. Personas mayores
d. Colectivos especiales
e. Preparación física específica

e. Optimizar rendimiento
b. Ajuste a horarios laborales
d. Instalación poco ocupada
c. Actividades saludables
a. Actividades extraescolares

6. **¿Cuáles son los cuatro conceptos que definen el plan de *marketing*?**

- Producto o servicios: que se ofertan por parte de la entidad.
- Precio asignado al producto.
- Distribución de servicios demandados a disposición de los usuarios.
- Promoción de los beneficios de la actividad ofertada.

7. **Complete los espacios con palabras:**

La **captación** es un proceso muy orientado a las **actividades,** porque a través de ellas se pretende responder a los **distintos** grupos poblacionales.

8. ¿Sobre qué aspectos fundamentales gira la fidelización?

- Personalización, sin caer en la discriminación entre los distintos usuarios.
- Diferenciación frente a la competitividad del mercado.
- Satisfacción al responder a las demandas y expectativas.
- Habitualidad, expresada en la antigüedad, frecuencia y duración del consumidor.

9. Si existe un centro deportivo muy cerca del propio, exponga una oportunidad para la realización de una matriz DAFO, y ponga ejemplos.

La diferenciación en determinados servicios, como por ejemplo nutrición, servicio de estética, masajes deportivos, saunas, etc.

10. Proporcionar a un usuario una actividad de regalo en la que pueda venir acompañado de un amigo o de un familiar es:

a. Una estrategia de fidelización.
b. Una estrategia de captación de clientes.
c. Una estrategia de renovación de clientes.
d. Una estrategia de captación y fidelización.

11. De las siguientes frases, indique cuál es verdadera o falsa.

a. La reducción de la cuota mensual es una acción de fidelización.

☑ **Verdadero**
☐ Falso

b. Es importante realizar campañas de captación en temporadas altas.

☑ **Verdadero**
☐ Falso

c. La captación se realiza por diferentes medios, evitando el boca a boca.

☐ Verdadero
☑ **Falso**

12. Complete los espacios con palabras:

Las **normas** de **uso** tienen el objeto de asegurar una adecuada **convivencia** entre el **personal,** los usuarios y el **establecimiento,** y la **política interna** tiene como finalidad expresar lo que pretende **ofrecer** la empresa a la **sociedad.**

13. Detalle las tres principales tareas de mantenimiento preventivo:

Limpieza, revisión e inventariado.

14. De las siguientes frases, indique cuál es verdadera o falsa.

a. La calidad a nivel externo se puede materializar a través de un buzón de sugerencias.

☑ **Verdadero**
☐ Falso

b. En este sector, para ofrecer calidad es importante seguir las tendencias y avances tecnológicos.

☑ **Verdadero**
☐ Falso

c. A nivel interno, la valoración de los usuarios sobre la calidad en las redes sociales es importante.

☐ Verdadero
☑ **Falso**

15. ¿Qué es el umbral de rentabilidad?

El umbral de rentabilidad es el punto donde los gastos e ingresos se encuentran en equilibrio, a partir del cual se genera beneficio.

Solucionario Capítulo 3

1. De las siguientes frases, indique cuál es verdadera o falsa.

a. El horario de mediodía y el nocturno son los de menor ocupación de la instalación.

☑ **Verdadero**
☐ Falso

b. La media mañana es idónea para establecer actividades para personas mayores.

☑ **Verdadero**
☐ Falso

2. De las siguientes frases, indique cuál es verdadera o falsa.

a. El monitor se encarga de programar, dirigir e instruir actividades de acondicionamiento físico.

☐ Verdadero
☑ **Falso**

b. El director técnico se encarga de programar, dirigir e instruir actividades de acondicionamiento físico.

☑ **Verdadero**
☐ Falso

3. Relacione las distintas quejas con su correspondiente forma de expresarlas en relación a la valoración de un usuario:

a. Anónima
b. Pública

<u>b.</u> Horario
<u>a.</u> Monitor

a. Otros usuarios
b. Limpieza y confort

4. **Señale las características para el tipo de servicios según las distintas poblaciones:**

Población	Horario más frecuente	Individual	Colectiva
Edad escolar	Tarde		X
Personas adultas	Media mañana		X
Personas mayores	Según horario laboral	X	X
Colectivos especiales	Media mañana		
Deportistas	Mañana, mediodía y nocturno	X	

5. **Complete los espacios con palabras:**

Las máquinas de **musculación** conviene organizarlas por grupos **musculares,** distinguiendo entre miembro **superior, inferior** y tronco. También hay que tener en cuenta el área necesaria para llevar a cabo el **movimiento** específico de cada ejercicio.

6. **¿Qué elemento es importante incluir en una sala de clases colectivas?**

Un reproductor con altavoces bien instalado por toda la sala.

7. **¿Qué consideración hay que tener en cuenta para el personal de un spa o tratamientos similares?**

El género del personal, debido a que diversos tratamientos pueden requerir contacto muy personal en los que el usuario desee realizar la elección sobre el mismo.

8. Complete la siguiente tabla con las distintas tipologías de zonas:

	Tipo
Recepción	Zona limpia
Sala de pilates	Clases colectivas
Zona de masajes	Otras zonas
Oficinas	Zona limpia
Zona de nutrición	Zona médica

9. Complete los espacios con palabras:

La transición del cliente entre distintas **zonas** debe estar medida evitando **tiempos** de **espera** y guiando al usuario a su nuevo **destino.** En situaciones **inevitables** de espera, es conveniente **proporcionar** un espacio.

10. Relacione los distintos aspectos de un presupuesto con su correspondiente concepto:

a. Ingresos
b. Gatos

<u>b.</u> Amortización
<u>a.</u> Matrícula
<u>b.</u> Seguridad social
<u>a y b.</u> Inversión inicial

11. De las siguientes frases, indique cuál es verdadera o falsa.

a. El almacén es una zona de confluencia diversa y multitudinaria, por lo que hay que tener especial cuidado para evitar su desorden.

☑ **Verdadero**
☐ Falso

b. La constante innovación sobre los materiales en el ámbito del *fitness* presenta una ventaja desde el punto de vista económico.

☐ Verdadero
☑ **Falso**

12. ¿Qué es la agenda de trabajo?

El concepto de agenda hace referencia a la ordenación de las acciones con referencia al tiempo.

13. Indique qué tipo de formación se puede ofertar a los empleados.

Formación interna, técnica o en gestión.

14. Enumere los distintos aspectos a tener en cuenta en un plan de riesgo.

1. Incendios y explosión.
2. Electricidad o riesgo eléctrico.
3. Sustancias nocivas o peligrosas.
4. Caídas de objetos, caídas o golpes contra objetos.
5. Manipulación de cargas.

15. Referido a la limpieza, a qué fase corresponde: "Definición de las necesidades de limpieza y desinfección por los distintos espacios, equipamientos y materiales".

Fase 1.

Solucionario 4

Programas de entrenamiento en sala de entrenamiento polivalente

Solucionario Capítulo 1

1. **Un compañero/a de sala, que acaba de comenzar, se anotó en la mano derecha las siglas PCEDR y en la izquierda las siglas TNA. Como no se acuerda de su significado, usted le recuerda el significado y el fin general de las mismas.**

   a. Significado PCEDR: **Prevenir, Corregir, Enseñar, Detectar y Reflexionar.**
   b. Significado TNA: **Tratar y No Agravar.**
   c. Fin general de estas: **principales funciones del personal de sala en el ámbito de la higiene y educación postural.**

2. **Ante una contraindicación relativa, lo más correcto es:**

   a. Montar en bicicleta a un ritmo suave.
   b. Realizar ejercicios de natación, ya que en el agua el impacto sobre las articulaciones es menor.
   c. Dependerá de la enfermedad concreta y lo que diga el informe médico.
   d. Todas las opciones son correctas.

3. **Relacione las siguientes situaciones con los conceptos estudiados en el tema.**

   a. Lorena no podrá terminar, se ve cansada, como si le faltaran fuerzas.
   b. Paco a menudo está cansado, se muestra agresivo, creo que tiene ansiedad, además está perdiendo peso.
   c. Marcos tiene una insuficiencia cardíaca.
   d. Luis tiene asma.

   b. Fatiga crónica.
   d. Contraindicación relativa.
   c. Contraindicación absoluta.
   a. Síntoma/s claro/s de fatiga (aguda).

4. Indique si las siguientes afirmaciones son verdaderas o falsas (corrija las falsas).

a. Un triatleta, al ser un deportista de larga distancia, tendrá un mayor porcentaje de fibras ST (de contracción lenta).

☑ **Verdadero**
☐ Falso

b. Durante una carrera de 400 m la vía predominante para la obtención de energía es la vía anaeróbica aláctica.

☐ Verdadero
☑ **Falso. Es la vía anaeróbica láctica.**

c. La higiene postural, también denominada higiene corporal, puede ser algo tan simple como lavarse las manos antes de ingerir alimentos.

☐ Verdadero
☑ **Falso. Lavarse las manos forma parte de la higiene corporal, que no es lo mismo que la higiene postural.**

d. El *fitness* y el *wellness* son conceptos similares que hacen referencia al estado de forma físico.

☐ Verdadero
☑ **Falso. No son similares, *wellness* hace referencia al bienestar social, físico, intelectual, etc.**

e. Una carga muy alta repetida en el tiempo puede producir sobreentrenamiento.

☑ **Verdadero**
☐ Falso

5. Defina los siguientes conceptos. Indique si se producen, generalmente, a corto o medio y largo plazo, y ponga un ejemplo de cada uno de ellos.

- Adaptación aguda: cambios que se producen en el organismo de un sujeto con la realización de un ejercicio. Son adaptaciones a corto plazo, es decir, desaparecen tras el ejercicio. Por ejemplo, aumento de la temperatura del músculo, aumento de la frecuencia cardíaca o aumento de la frecuencia respiratoria.

- Adaptación crónica: cambios que se producen en el organismo de un sujeto como consecuencia de la realización regular y progresiva de actividad física. Son adaptaciones a medio y largo plazo. Por ejemplo, aumento de la densidad mineral ósea de los huesos, hipertrofia de un músculo o aumento del VO_2max.

6. Realice el cálculo teórico de su frecuencia cardíaca máxima (FCM) e indique cómo calcularía su frecuencia cardíaca basal o de reposo FCB.

- FCM: por ejemplo, 30 años; 220 - edad = 190 ppm.
- FCB: antes de levantarse por la mañana, calcular las ppm durante siete días para después hacer la media.

7. Una señora con sobrepeso le dice: "el ejercicio no me da nada bueno, no consigo perder peso, prefiero estar en mi casa viendo la televisión". Usted le responde amablemente: "estimada señora, la actividad física tiene efectos positivos en todos los sistemas corporales, y podría decirle algunos ejemplos beneficiosos para usted". Mencione ejemplos en los sistemas que usted crea que serían positivos para ella, usando un lenguaje que sea fácil de entender por la señora.

- Sistema respiratorio: su respiración será más profunda y eficaz.
- Sistema cardiovascular: disminuye la frecuencia cardíaca (FC), por lo que las actividades que le cuestan mucho trabajo hacer le costarían mucho menos si realiza ejercicio.
- Sistema osteoarticular: aumenta la densidad mineral ósea de los huesos, es una cuestión importante sobre todo para las mujeres, ya que tienen más predisposición a padecer osteoporosis.
- Sistema muscular: aumenta el tono y el tamaño del músculo, por tanto puede aumentar su gasto energético en reposo (GER), lo cual le será positivo para bajar de peso. También puede aumentar el grado de movilidad de ciertas articulaciones, por tanto realizar movimientos menos limitados.
- Sistema nervioso: economía de las funciones vitales, menor FC, menor FR, etc.
- Sistema endocrino: se estimula el uso de grasas para obtener energía y mejora la sensibilidad a la insulina (positivo en caso de diabetes o riesgo de padecerla).
- Metabolismo: disminuye el colesterol LDL ("malo") y aumenta el HDL ("bueno"), también reduce los triglicéridos.

8. Responda a las siguientes cuestiones.

Pasear al perro, ¿se considera actividad física o ejercicio físico?

Actividad física.

¿Y hacer correr tres veces por semana para bajar de peso?

Ejercicio físico.

9. Señale la afirmación correcta.

a. Uno de los causantes de la fatiga es el bicarbonato.
b. Una de las causas de la fatiga se debe a la acumulación de iones de hidrógeno (H+).
c. El cansancio se produce con niveles de pH inferiores a 5.
d. La actina y la miosina son dos sustratos energéticos a nivel muscular.
e. Lo más normal es que dos sujetos tengan el mismo umbral de excitación.

10. Indique, para los siguientes sistemas energéticos, los tiempos en los que predominan y los sustratos predominantes.

Sistema	Tiempos dónde predominan	Sustrato predominante
De los fosfágenos	5" - 15"	ATP-PC
De la glucólisis anaeróbica	20" - 2´	Hidratos de carbono
Oxidativo	> 2´	Hidratos de carbono, lípidos y proteínas

11. Corrija la siguiente frase: "los sustratos energéticos son recursos ilimitados, es decir, nunca se agotan si nos alimentamos correctamente".

Los sustratos energéticos son recursos limitados, es decir, pueden agotarse aun teniendo una alimentación correcta.

12. Las agujetas son:

a. Pinchazos agudos a nivel muscular por entrenar en exceso.
b. Dolor muscular de aparición tardía (DOMS), que tiene su pico máximo justo al acabar el ejercicio.
c. Microrotura de fibras.
d. Microlesiones producidas por acumulación de lactato (por cristalización de este).

13. Relacione las siguientes situaciones con los conceptos estudiados en el tema.

a. María toma agua con azúcar porque cree erróneamente que previene...
b. Las adaptaciones se producen...
c. En las actividades hasta 15 segundos...

c. ... fosfocreatina.
a. ... agujetas.
c. ... recuperación.

14. Indique una forma, recurso o idea que sirva para prevenir los vicios posturales en su sala de entrenamiento polivalente, y justifique su respuesta (deben ser diferentes a las mostradas en el capítulo 1).

- Colocar un vídeo en las pantallas del gimnasio que muestre posiciones correctas y viciosas, como formación de los usuarios.
- Repartir folletos que indiquen los efectos nocivos de realizar ejercicios que incluyan acciones articulares desaconsejadas (AAD), para mostrar la problemática que puede llegar a suponer.

15. ¿De qué factores depende la fuerza? Ponga un ejemplo de cada uno de ellos.

- Neurales. Coordinación intermuscular.
- Hormonales. Aumento de la testosterona sanguínea.
- Estructurales. Aumento de la sección transversal de las fibras musculares.

Solucionario Capítulo 2

1. Con el trabajo sistemático de las siguientes actividades, ¿qué capacidad física se puede desarrollar? Justifique su respuesta.

Actividad	Algunos ejemplos de capacidades desarrolladas
Montar en bicicleta durante una hora	Resistencia aeróbica (por ser un trabajo continuado de más de dos minutos)
Jugar al tenis	Resistencia aeróbica (dura más de dos minutos) y velocidad gestual (golpeos)
Hacer escalada	Fuerza resistencia (mantener la tensión muscular)
Levantar pesas	Fuerza (dependiendo del peso y la velocidad, será una u otra manifestación de esta)
Gimnasia rítmica	Flexibilidad (por su amplitud de movimientos)
Rugby	Fuerza máxima (por los múltiples contactos y bloqueos corporales) y resistencia aeróbica (dura más de dos minutos)
Salto de altura	Fuerza explosiva (necesidad de aplicar fuerza rápidamente para que el salto sea lo más alto posible)
Correr 100 metros en el menor tiempo posible	Velocidad (se trata de llegar más rápidamente posible)

2. Son factores determinantes de la velocidad de desplazamiento:

a. Corazón voluminoso.
b. Fibras ST y buena amplitud de movimientos.
c. Amplitud de zancada, frecuencia de zancada y fibras FT.
d. Todas las opciones son incorrectas.

3. Relacione las siguientes situaciones con los conceptos estudiados en el tema.

a. La flexibilidad.
b. La velocidad.
c. La resistencia.
d. La fuerza.

b. Gestual.
a. Capacidad involucionista.
c. Aeróbica.
d. Explosiva.

4. Indique si las siguientes afirmaciones son verdaderas o falsas (corrija las falsas).

a. Las capacidades físicas son aspectos cualitativos de la motricidad.

☐ Verdadero
☑ **Falso. Son aspectos cuantitativos.**

b. La habilidad motriz es un patrón motriz innato.

☐ Verdadero
☑ **Falso. Las habilidades se adquieren o aprenden, nadie nace sabiendo saltar, correr, empujar, etc.**

c. Los reflejos son automatismos involuntarios.

☑ **Verdadero**
☐ Falso

d. Las capacidades perceptivo-motrices incluyen la corporalidad, la espacialidad, la temporalidad y la propiocepción.

☑ **Verdadero**
☐ Falso

e. Existen tres vertientes de la condición física: condición física normal, condición física salud y condición física deportiva.

☐ Verdadero
☑ **Falso. Son dos vertientes: la condición física salud y la condición física rendimiento.**

5. Calcule el índice de masa corporal de una señora de 55 años, que pesa 70 kg y mide 1´73. Valore el resultado obtenido.

IMC = 70 / $(1´73)^2$ = 23´39 kg/m^2

Su IMC se encuentra dentro de la normalidad.

6. Calcule el índice cintura cadera de un hombre con 90 cm de cintura y 84 cm de cadera. Indique la probabilidad que tiene de padecer una enfermedad cardiovascular.

ICC = 90 / 84 = 1,07 cm

Tiene un riesgo cardiovascular muy alto.

7. Dibuje la curva de la evolución natural de la velocidad a lo largo de la vida. Explique por qué la mayoría de los cambios sustanciales en las capacidades físicas ocurren durante la adolescencia.

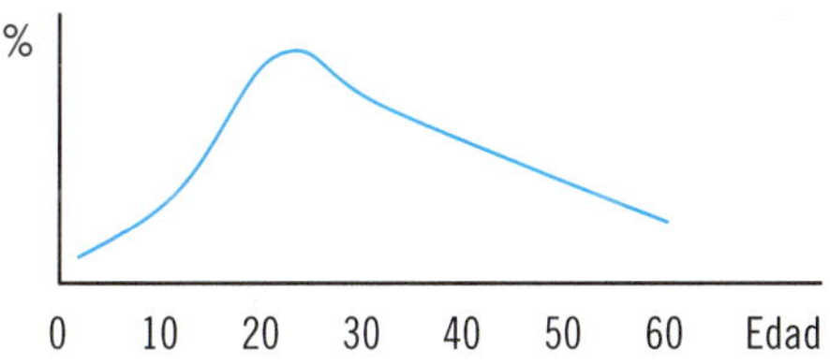

La adolescencia es una etapa caracterizada por el aumento de hormonas, el "estirón" en el crecimiento (mayor longitud de las extremidades) y el aumento de la masa muscular, sobre todo en los niños, entre otros cambios.

8. Responda a las siguientes cuestiones.

¿Cuáles son los dos componentes de la flexibilidad?

La movilidad articular y la elasticidad muscular.

Según el agente movilizador, la flexibilidad se puede clasificar en...

... activa y pasiva.

Un 10 % de grasa corporal en una mujer se considera...

... bajo.

¿Es positivo un índice de masa corporal de 18 kg/m²?

No, tan negativo es estar por encima de 24´99 como estar por debajo de 18´5.

9. Señale la afirmación correcta.

a. Un índice cintura cadera de 1´02 marca un bajo riesgo de padecer enfermedades cardiovasculares.
b. La coordinación se divide en estática y dinámica.
c. La propiocepción es la capacidad física que más mejora en la adolescencia.
d. La resistencia es la capacidad que menos puede mejorar.
e. La fuerza es la capacidad que permite cambiar el estado de un cuerpo o movilizarlo.

10. Indique las manifestaciones principales de las capacidades físicas y las capacidades motrices coordinativas.

Capacidades físicas	**Velocidad**	De desplazamiento Gestual De reacción
	Resistencia	Aeróbica Anaeróbica
	Flexibilidad	Activa - pasiva Estática - dinámica
	Fuerza	Fuerza máxima Fuerza resistencia Fuerza explosiva
Capacidades coordinativas	**Coordinación**	Coordinación dinámica general Coordinación óculo-segmentaria
	Equilibrio	Equilibrio estático Equilibrio dinámico

11. Cómo se podría calcular el porcentaje de grasa de una persona?

Midiendo los pliegues cutáneos y usando fórmulas existentes para su estimación, o usando una bioimpedancia eléctrica (el centro puede adquirir un Tanita o se puede aconsejar al usuario que se pese en la farmacia).

12. El equilibrio es:

a. La conexión músculo-esquelética que favorece el ajuste, control, precisión, armonía y fluidez de movimientos.
b. La capacidad que permite luchar contra fuerzas exógenas con el objeto de mantener la postura o posición corporal de todas las articulaciones involucradas en la acción.
c. La capacidad que informa de la posición, el tono y movimiento de los diferentes músculos esqueléticos, y con ello de los diferentes segmentos corporales.
d. La capacidad que permite mantener un esfuerzo psicofísico soportando una determinada fatiga.

13. Indique cinco habilidades motrices que se pueden realizar en una sala de entrenamiento.

- Correr en la cinta.
- Pedalear en la bicicleta.
- Saltar a la comba.
- Golpear un saco de boxeo o maniquí.
- Sentadillas.

Nota: muchas veces solo se consideran el salto, giro, lanzamiento, recepción, pateo, golpeo, finta, conducción, bote...; no obstante, la ejecución de los ejercicios de musculación también pueden considerarse unas habilidades, ya que su ejecución o patrón correcto de movimiento tiene que ser aprendido previamente (posición de los brazos, ángulo final de las rodillas, corrección de la posición de las rodillas y la espalda, etc.).

14. ¿Qué puede pasarle a un sujeto que realiza movimientos muy rígidos y poco fluidos?

Lo más probable es que tenga problemas de coordinación (en cualquiera de sus manifestaciones) o problemas en las capacidades perceptivo-motrices (corporalidad, espacialidad y/o temporalidad). Aunque mejorará con la práctica, lo más correcto es realizar una progresión en complejidad y adaptar el ejercicio a sus necesidades.

15. ¿Cuáles son los componentes de la condición física relacionada con la salud?

- *Fitness* cardiovascular. Resistencia aeróbica.
- *Fitness* muscular. Fuerza y resistencia muscular (o fuerza resistencia) y flexibilidad.
- Composición corporal.
- Condición motriz. Coordinación y equilibrio.

Solucionario Capítulo 3

1. Identifique los principios biológicos de entrenamiento en los siguientes supuestos.

Actividad	Principios biológicos
No mejora la velocidad de carrera, pero si lleva nadando ya varios meses.	Especificidad
Hay personas que tienen más predisposición a la lesión que otras, hay personas más dotadas de la capacidad de producir fuerza que otras.	Individualización
María entrena todos los viernes, ¿por qué no mejorará su CF?	Continuidad
Marcos está aburrido, siempre realiza los mismos entrenamientos, creo que eso le está perjudicando.	Variedad
Lleva dos meses entrenando muy fuerte, cada vez se encuentra más cansado, aquí hay algo que falla.	Recuperación
Andar tres veces por semana le servía hace varios meses, trotar hace poco, sin embargo, ahora necesita correr a una intensidad mayor para conseguir adaptaciones cardiovasculares.	Progresión

2. Relacione los siguientes términos con su explicación.

a. Periodización.
b. Representación mental.
c. Factibilidad.
d. Modelación.

<u>**c.**</u> Retos que de verdad se puedan conseguir.
<u>**b.**</u> A veces se producen fallos técnico-tácticos por no tenerlo en cuenta.
<u>**a.**</u> El entrenamiento se estructura en ciclos.
<u>**d.**</u> El entrenamiento se modifica hasta conseguir lo deseado.

3. Indique si las siguientes afirmaciones son verdaderas o falsas (corrija las falsas).

a. El principio de la representación mental no produce beneficios en el entrenamiento.

☐ Verdadero
☑ **Falso. Puede ser de gran ayuda para el deportista.**

b. La intensidad del ejercicio se calcula con la fórmula de la frecuencia cardíaca de entrenamiento (FCE).

☑ **Verdadero**
☐ Falso

c. Los sistemas de entrenamiento de la resistencia se dividen en activos y pasivos.

☐ Verdadero
☑ **Falso. Se dividen principalmente en continuos y fraccionados.**

d. La fuerza máxima y explosiva no han sido estudiadas como capacidades físicas relacionadas con la salud.

☑ **Verdadero**
☐ Falso

e. La elasticidad, la fuerza resistencia y la resistencia aeróbica pueden trabajarse en la misma sesión.

☑ **Verdadero**
☐ Falso

4. ¿Por qué es más adecuado calcular la frecuencia cardíaca máxima (FCM) con la fórmula de Tanaka en lugar de la tradicional 220 - edad?

Porque la fórmula de Tanaka tiene un menor error de estimación que la fórmula tradicional. Esta última sobreestima la FCM en adultos jóvenes y la infravalora en mayores de 60 años.

5. Calcule el intervalo de trabajo en la zona 3 para un adulto de 40 años y 68 pulsaciones por minuto de frecuencia cardíaca basal (FCB).

FCM = 208 – (0,7 x edad) = 180 ppm.

70 % de la FCE = [(FCM – FCB) x 0,70] + FCB = 146 ppm.

80 % de la FCE = [(FCM – FCB) x 0,80] + FCB = 158 ppm.

6. El mismo sujeto anterior (40 años y 68 ppm de FCB) realizó un trabajo que usted le encomendó a 141 pulsaciones por minuto (ppm). ¿A qué intensidad relativa ha trabajado (en términos de FCR)?

Se usa la siguiente fórmula: % intensidad = {(FCE - FCB) / (FCM - FCB)} x 100

% intensidad = {(141 - 68) / (180 - 68)} x 100 = 65,18 %

Ha trabajado al 65 % de la frecuencia cardíaca de reserva (FCR).

7. Indique cinco medios que podemos usar en una sala de entrenamiento para el desarrollo de la resistencia aeróbica.

Correr, pedalear, acciones cíclicas en elíptica, en *stepper* y en simulador de remo.

8. Elabore un cuadro en el que aparezcan las recomendaciones de la resistencia aeróbica, la fuerza resistencia y la elasticidad.

Capacidad física relacionada con la CF-SALUD	Recomendaciones
Resistencia aeróbica	- Volumen: de 15 a 60 min. - Intensidad: del 40 al 85 % de la FCR o del 60 al 90 % de la FCM. - Frecuencia: mínimo de 2-3 días por semana. - Tipo de ejercicio: rítmico, continuo y que movilice grandes masas musculares.
Fuerza resistencia	- Volumen: mínimo 10 min por sesión, de 8 a 30 repeticiones, de 1 a 6 series y entre 6-12 ejercicios. - Pausas: de 0 a 60 s entre series y no más de 3 min entre ejercicios (pudiendo ser activa). - Intensidad: del 20 al 70 % de 1RM. - Frecuencia: mínimo de 2-3 sesiones por semana. - Tipo de ejercicios: dinámicos, controlados, contracciones repetidas en el tiempo y principales grupos musculares. - Orden de los ejercicios: primero los músculos poliarticulares y por último los monoarticulares.
Elasticidad	- Intensidad: no llegar al dolor. - Frecuencia: de 2 a 7 días por semana. - Tipo de ejercicio: no se recomiendan ejercicios balísticos, muy rápidos o con rebotes.

9. Señale la afirmación correcta.

a. 1RM puede variar del 20 al 70 % de la intensidad.
b. 1RM es el 100 % de la fuerza.
c. Se considera estimar el test de fuerza máxima con muchas repeticiones.
d. La intensidad de la resistencia se puede estimar a partir del test RM.

10. Indique los sistemas y métodos de trabajo más usados para la mejora de cada capacidad en el *fitness*.

Resistencia aeróbica	- Sistema continuo - Método continuo uniforme ligero - Método continuo uniforme medio - Método continuo uniforme intenso - Método continuo progresivo - Método continuo *fartlek*

Fuerza resistencia	- Sistema fraccionado
	  - Método de series y pausas
	  - Método de suma de series
	  - Método de entrenamiento en circuito (con pausas)
	- Sistema continuo
	  - Método de entrenamiento en circuito (sin pausas)

Elasticidad	- Sistemas continuos - Método estático (sin pausas entre ejercicios) - Método dinámico (sin pausas entre ejercicios) - Sistemas fraccionados - Método estático (con pausas entre ejercicios) - Método dinámico (con pausas entre ejercicios) - Método FNP

11. Planifique un *Fartlek* para un sujeto de 28 años con una frecuencia cardíaca basal (FCB) de 55 pulsaciones por minuto, que tiene una buena CF.

Primero: se estima la FCM: 208 - (0´7 * edad) = 288 ppm.

Segundo: se calcula la FCR: FCB - FCM = 133 ppm.

Se determinan los bloques, periodos de intensidad y los tiempos de trabajo a cada intensidad:

- Bloque 1: 10 min al 65 % + 5 min al 80 %.
- Bloque 2: 10 min al 65 % + 5 min al 80 %.

- Bloque 3: 10 min al 65 % + 5 min al 80 %.
- Bloque 4: 10 min al 65 % + 5 min al 80 %.

Por último, se debe indicar la FCE al sujeto (se muestra la primera paso a paso):

- 65% ->55+{133x(65/100)}=55+{133x(0,65)}=55+(86´45)=141 ppm.
- 80 % -> 55 + {133 x (80 / 100)} = 162 ppm.

Se le entrega al sujeto de la siguiente forma:

- Bloque 1: 10 min a 141 ppm (65 %) + 5 min a 162 ppm (80 %).
- Bloque 2: 10 min a 141 ppm (65 %) + 5 min a 162 ppm (80 %).
- Bloque 3: 10 min a 141 ppm (65 %) + 5 min a 162 ppm (80 %).
- Bloque 4: 10 min a 141 ppm (65 %) + 5 min a 162 ppm (80 %).

12. En un circuito que ha planificado para Pedro al 40 % de 1RM, uno de los ejercicios es un press de banca. En el test de estimación de la FM (1RM) Pedro realizó 6 repeticiones con 40 kg. ¿Cuántos kilos se utilizarían para trabajar al 40 %?

Primero: aplicamos la siguiente fórmula para saber el 100 % (1RM):

1RM = {1 + (0´0333 x repeticiones hasta el fallo)} x peso levantado = {1 + (0´0333 x 6)} x 40 = {1 + (0´1998)} x 40 = (1´1998) x 40 = 47´99 kg

Segundo: si sabemos que 47´9 kg es el 100 % (1RM), el 40 % es X. Por tanto, aplicando la siguiente regla de 3:

47,9 kg ------- 100 %
X ------- 40 %
(47,9 x 40) / 100 = 1916 / 100 = 19,16 kg

Solución: el peso a utilizar sería de 19 kg, que corresponde en ese momento al 40 % de la intensidad.

13. La aplicación del principio de multilateralidad en el *fitness* consiste en...

a. ... desarrollar todas las capacidades físicas básicas.
b. ... desarrollar la resistencia aeróbica, la fuerza resistencia y la elasticidad.
c. ... desarrollar solo dos capacidades físicas relacionadas con la salud.
d. No puede ser aplicado al ámbito del *fitness*.

14. Indique ocho ejercicios, por orden de ejecución, que utilizaría para realizar en un circuito de entrenamiento (indicando además el medio utilizado). Condición: al menos tres ejercicios para piernas.

- Polea al pecho agarre ancho (máquina).
- Zancada (peso libre).
- *Curl* de bíceps con mancuernas (peso libre).
- Extensión de cadera en suelo o patada de glúteo (autocarga).
- *Press* banca inclinado con mancuernas (peso libre).
- *Crunch* (autocarga).
- Extensiones de tríceps en polea (polea).
- Elevación de talón con mancuerna (peso libre).

15. Según lo expuesto en el capítulo, ¿sería correcta la siguiente sesión de estiramientos?

a. 3 series de 15 s estirando gemelos.
b. 3 series de 15 s estirando cuádriceps.
c. 3 series de 15 s estirando isquiotibiales.
d. 3 series de 15 s estirando abductores.
e. 3 series de 15 s estirando aductores.
f. 3 series de 15 s estirando psoas ilíaco.

Sí, sería correcta.

Solucionario Capítulo 4

1. Diferencie entre deficiencia, discapacidad y diversidad funcional.

- Deficiencia: alteración en una función orgánica (movimiento, visión...), que, por tanto, afecta a un órgano.
- Discapacidad: modificación de la conducta a causa de una deficiencia.
- Diversidad funcional: persona que puede realizar las mismas actividades y funciones que otra persona.

2. Indique si las siguientes afirmaciones son verdaderas o falsas (corrija las falsas).

a. Podemos encontrarnos a una persona con discapacidad psíquica con patrones motrices estereotipados.

☑ **Verdadero**
☐ Falso

b. Los discapacitados visuales pueden presentar también un patrón inadecuado de la carrera.

☑ **Verdadero**
☐ Falso

c. No es lo más normal que una persona con discapacidad psíquica presente otros problemas asociados.

☐ Verdadero
☑ **Falso. Es frecuente que tengan otros problemas asociados, por ejemplo, a nivel cardiorrespiratorio.**

d. Es bueno modificar continuamente las tareas a una persona autista, para atraer su atención y mantenerlo motivado.

☐ Verdadero
☑ **Falso. Se sienten más cómodos en ambientes conocidos y repetitivos, lo que no quiere decir que podamos hacer pequeñas variaciones periódicas a las rutinas de entrenamiento.**

e. Los discapacitados con más limitaciones a nivel motor son los que tienen afecciones a nivel de la vista, ya que, al no poder ver, suelen moverse y desplazarse menos.

☐ Verdadero
☑ **Falso. Suelen ser las personas con discapacidad motora.**

3. ¿Cuáles son los tres grandes grupos de discapacidad?

Sensorial, psíquica y motriz.

4. ¿Qué tipo de ejercicios están contraindicados para personas con discapacidad visual con afecciones en las retinas? ¿Y para las personas con síndrome de Down? ¿Puede haber ejercicios contraindicados para discapacitados psíquicos?

- Visuales con problemas de retina: el entrenamiento intenso con pesas y los ejercicios isométricos.
- Síndrome de Down: trabajo sistemático de flexibilidad, aunque se puede hacer sin fines de mejora y de forma controlada.
- Discapacitados psíquicos: sí, dejarles que realicen de forma autónoma ejercicios que, ejecutados incorrectamente, pueden ser potencialmente lesivos. Al tener problemas de comprensión, pueden no realizar el ejercicio con la técnica adecuada.

5. Relacione los siguientes términos.

a. Discapacidad auditiva.
b. Hipoacusia.
c. Baja visión.
d. Nula visión o ceguera.

<u>a.</u> Presentan problemas de equilibrio cuando tienen afectado el oído interno.
<u>c.</u> Presentan entre un 5 y un 30 % de agudeza visual.
<u>b.</u> Presentan una pérdida de hasta 60 dB.
<u>d.</u> Tienen menos del 5 % de su agudeza visual.

6. Clasifique la discapacidad intelectual en función del coeficiente intelectual.

- Leve. Menor a 70.
- Moderado. Menor a 55.
- Grave. Menor a 40.
- Profundo. Menor a 25.

7. Indique la diferencia entre "-paresia" y "-plejia", y ponga un ejemplo.

Cuando la pérdida de movimiento de un segmento corporal es parcial, se denomina "-paresia". Por ejemplo, en la tetraparesia hay afección de los cuatro miembros; sin embargo, el sujeto aún posee movilidad en los mismos.

Por otro lado, cuando la pérdida es total se denomina "-plejia". Por ejemplo, en este caso la tetraplejia determina la imposibilidad de movimiento de los cuatro segmentos corporales (brazos y piernas).

8. Haga un esquema resumen de los tipos de discapacidad.

Discapacidad	Tipos
Sensorial	- En la visión: baja visión y ceguera. - En la audición: hipoacusia y sordera.
Psíquica	- Discapacidad intelectual. - Trastornos generales del desarrollo (TDG).
Motora	- Parálisis. - Miopatías. - Lesiones medulares.

9. Señale la afirmación correcta.

a. La poliomielitis es una enfermedad cutánea.
b. Las amputaciones no pueden considerarse discapacidad motriz.
c. La espina bífida es una malformación de la médula espinal.
d. La distrofia muscular es el aumento exagerado del tono muscular.

10. ¿Qué tipo de problema podemos tener en una sala de entrenamiento a la hora de comunicarnos con una persona con hipoacusia?

Que un aparato de música u otro medio audiovisual tenga un volumen demasiado elevado.

11. Tenemos una instalación de dos plantas situada en el centro de la ciudad, ¿qué barreras arquitectónicas se puede encontrar nuestro usuario Pedro con discapacidad motora (en cuanto al acceso a las instalaciones)?

- Que no haya aparcamientos reservados para personas con movilidad reducida.
- Que las aceras de los alrededores sean demasiado estrechas o con muchos desniveles.
- Que la única entrada a la instalación sea mediante una escalera.

12. Acaban de apuntarse a su centro tres usuarios de la asociación de autismo de su ciudad. Señale 3-4 consideraciones o adaptaciones que tendría en cuenta.

- Crear una rutina fija (con variaciones temporales) de actividades por cada día.
- Colocar la rutina en un planning semanal y en un lugar visible para ellos, de tal forma que, al entrar, los usuarios sepan lo que les toca cada día concreto, mejorando la predisposición de los mismos.
- Dejar que un familiar les acompañe semanalmente y explicarles a estos los ejercicios a realizar.
- Poner especial atención en la técnica correcta de los ejercicios para evitar malas posturas y, consecuentemente, lesiones.
- Hacer una demostración previa del ejercicio que apoye la explicación verbal.

13. Las barreras arquitectónicas son:

a. Las escaleras o puertas estrechas para acceder a un lugar.
b. Que no hay zona de aparcamientos para personas con movilidad reducida.
c. Cualquier obstáculo o impedimento que limite la libertad de acceso a la instalación o el desplazamiento dentro de la misma con total autonomía.
d. Aceras sin desniveles, aseos amplios, ascensores, pasamanos, pasillos estrechos.

14. En cuanto a la adaptación de los recursos materiales, señale dos aspectos a tener en cuenta en una sala de entrenamiento (por ejemplo, disponer de aparatos cardiovasculares variados).

- Tener cargas variadas, pesos altos, pero también pesos bajos (botellas de agua, bolsas de arena, pesas de medio kg...).
- Tener máquinas adaptables. Por ejemplo, que los asientos se puedan quitar para poder realizar el ejercicio en silla de ruedas.

15. ¿Por qué se recomienda no colocar los materiales muy altos?

Porque una persona en silla de ruedas no podría cogerlos de forma autónoma.

Solucionario Capítulo 5

1. Explique las fases de la programación.

- Diagnóstico. Conocimiento de los usuarios, de las instalaciones y materiales disponibles.
- Diseño. Elaboración del plan de trabajo en base a los resultados obtenidos en el diagnóstico.
- Puesta en acción. Lo anteriormente planificado se lleva a la práctica en la sala de entrenamiento.
- Evaluación. Supone el conocimiento de todo el proceso y los resultados que se van obteniendo.

2. Indique si las siguientes afirmaciones son verdaderas o falsas (corrija las falsas).

a. La programación general de referencia es invariable.

☐ Verdadero
☑ **Falso. Se reajustará en función de los resultados obtenidos en los diferentes controles.**

b. Solo existe un modelo de rutina válido y fue presentado en el capítulo.

☐ Verdadero
☑ **Falso. Lo ideal es que cada entrenador elabore su modelo de rutina según sus preferencias y necesidades.**

c. Los periodos más usados en el ámbito del *fitness* son: el mesociclo, microciclo y la sesión.

☑ **Verdadero**
☐ Falso

d. A lo largo del ciclo de entrenamiento, siempre que aumente el volumen se debería aumentar la intensidad.

☐ Verdadero
☑ **Falso. Suelen presentar tendencias contrarias, cuando la intensidad es alta el volumen suele ser más bajo, y a la inversa.**

3. Elabore dos preguntas abiertas y dos cerradas para un cuestionario de evaluación del nivel de satisfacción del usuario (diferentes a las mostradas en el capítulo).

Abiertas:

- De los ejercicios de fuerza, ¿cuáles le resultan más motivadores?
- De los medios presentes en el centro para el desarrollo de la resistencia cardiovascular, ¿cuál le gustaría utilizar y por qué?

Cerradas:

- ¿Le han explicado nuestros monitores la ejecución correcta de cada uno de los ejercicios de su rutina? SÍ NO
- ¿Comprende todos los elementos de la rutina? SÍ NO

4. En el ámbito del *fitness*, ¿cuánto debería durar un mesociclo como ciclo de entrenamiento?

Entre 4 y 12 semanas (entre 1 y 3 meses).

5. Relacione los elementos de las columnas (coloque el número de la columna 1 en el lugar correspondiente de la columna 2).

1. Examen médico básico.	3. ¿Practica regularmente ejercicio, qué hace usted durante el tiempo libre, entrena de forma sistemática?
2. Cuestionario sobre el estado de salud.	5. Consiste en andar lo más rápido posible hasta recorrer 1.609 m.
3. Cuestionario de experiencias previas.	7. Fuerza resistencia de la musculatura del tren superior.
4. Batería de pruebas en el *fitness*.	2. ¿Es propenso a alguna enfermedad, toma usted medicamentos, es usted fumador?
5. Test de la milla.	4. Valorar IMC y ICC, la resistencia aeróbica, la fuerza resistencia y flexibilidad, la coordinación y el equilibrio.
6. Test de Cooper.	1. Examen cardiovascular y examen músculo-esquelético.
7. Flexiones de brazos.	6. 2.400 m es un buen resultado para un varón de 25 años.
8. Sit and reach.	8. Evalúa la flexibilidad del tronco y la cadera.

6. Valore los siguientes resultados en las pruebas físicas.

a. Test de Cooper (sujeto de 50 años, hombre): 2.700 m-> Excelente.
b. Test de la milla (sujeto de 30 años, mujer): 40 ml/kg/min -> Suficiente.
c. *Sit and reach* (sujeto de 32 años, mujer): 11 -> Percentil 70 (bueno).
d. Abdominales en un min (sujeto de 24 años, hombre): 33 abdominales -> Normal.
e. Equilibrio flamenco (sujeto de 60 años, hombre): 4 intentos -> Bajo.

7. Indique algunas de las zonas que podemos encontrar en un centro *fitness* y *wellness*, y el uso que tienen.

- Sala *fitness* o de entrenamiento. Se lleva a cabo el entrenamiento cardiovascular, de fuerza y de flexibilidad.
- Sala de actividades dirigidas. Pueden llevarse a cabo diferentes modalidades de práctica física: aeróbic, bailes, estiramientos, abdominales, body pump, etc.
- Zona de spa y piscinas. Puede practicarse natación libre, natación con bebés, para adultos... o bien estar compuesta de zona termal, masajes, etc.
- Zona médico-deportiva: suele evaluarse la composición corporal, planificarse la dieta, entre otros aspectos (grandes centros de *fitness* y *wellness).*
- Otros: cafetería, pista de pádel, pista de tenis, sala de espera, peluquería, etc.

8. Indique de qué máquina cardiovascular se trata, según la descripción aportada.

Descripción	Máquina cardiovascular
Sería necesario regular el sillín	Bicicleta
Permite andar y correr en una superficie más blanda que el asfalto	Cinta
Sería una buena solución para personas con discapacidad motora por afección en los miembros inferiores	Brazos rotatorios
Aunque no tienen impacto sobre rodilla y tobillo, pueden ser de gran intensidad para principiantes	Elíptica y *stepper*
Permite "escalar" o "esquiar" desde nuestro centro de *fitness*	Simuladores
Permite apoyar la espalda, será positiva para aquellas personas con dolores o afección en la espalda	Bicicleta reclinada
Permiten un trabajo simultáneo del tren superior e inferior, pero se debe poner gran énfasis en la correcta técnica	Simulador de remo

9. Señale la afirmación correcta.

a. **No se recomienda el entrenamiento sistemático de fuerza hasta los 14 años.**
b. En la tercera edad, las consideraciones respecto a la carga son las mismas que para los adultos.
c. Es lógico que las mujeres tengan que trabajar la fuerza con otros medios por sus características hormonales.
d. Está contraindicado realizar actividad física si eres una persona con artritis.

10. Usted quiere montar un centro de *fitness*, y para comenzar no quiere gastarse mucho dinero. Escoja 4 medios para el trabajo de musculación que, en su conjunto, puedan trabajar dorsales o espalda, pecho, abdominales, bíceps, tríceps, hombros y piernas.

- Una máquina de poleas. Aunque resulta muy cara, se pueden realizar multitud de ejercicios. Por ejemplo (para números, ver rutina):

- Espalda. Ejercicios 6 y 7.
- Pecho. Ejercicio 22.
- Hombros. Ejercicio 37. Utilizando polea baja unilateral en lugar de mancuernas.
- Bíceps. Ejercicio 43.
- Tríceps. Ejercicio 48 y 49.
- Piernas. Ejercicio 7 utilizando polea baja unilateral en lugar de máquina.

- Bandas elásticas de diferentes resistencias (en el mercado vienen por colores). Permiten trabajar todas las zonas musculares con un poco de imaginación. Ejemplos:

  - Bíceps. Ejercicio 42. Pisando las bandas elástica (parecido al 38) en lugar de mancuernas.
  - Tríceps. Ejercicio 49. Colgando la banda en la máquina, en lugar de utilizar cuerdas.
  - Hombro. Ejercicio 38 y 40 (en lugar de mancuernas).
  - Espalda. Ejercicio 15, con la banda colgada en la máquina u otro soporte (agarrando los dos extremos).

- Mancuernas variadas y varios bancos regulables. Permiten diversidad de ejercicios. Por ejemplo: ejercicios número 6, 18, 28, 29, 30, 32, 36, 37, 40, 46, 51, 52 (con mancuernas).

11. Seleccione siete ejercicios (uno de cada grupo muscular) para llevar a cabo en una rutina de entrenamiento de fuerza.
La rutina será llevada a cabo por una persona que entrena por primera vez y realizará 3 series de cada ejercicio y 15 repeticiones por serie, con un descanso de 1 minuto entre series.
Puede indicar el nº del ejercicio de la rutina del epígrafe 4.2. de la unidad.

POSIBLE SOLUCIÓN:

Piernas: ejercicio 1.
Espalda: ejercicio 16.
Pectoral: ejercicio 24.
Hombros: ejercicio 37.
Bíceps: ejercicio 42.
Tríceps: ejercicio 48.
Abdomen: ejercicio 54.

12. Elabore un cuadro esquemático con las principales estrategias de instrucción.

Monitor para un usuario o grupo de usuarios con los mismos objetivos.	Un entrenador personal los dirige en todo momento.
Monitor para todos los usuarios de la sala con mismos objetivos.	Típico en clases colectivas (profesor lleva el conteo de repeticiones sirviendo a veces de modelo de ejecución).
Monitor para todos los usuarios de la sala con objetivos diferentes.	Como es imposible llevarlos a todos, se busca la autonomía del usuario (al inicio sí hay que estar más pendiente para que ejecuten correctamente y comprendan todos los elementos de la rutina).
Grupos (2-4) de ayuda mutua con objetivos similares.	Se buscan usuarios con objetivos similares para que trabajen juntos, se ayuden y se creen lazos de unión, mejorando sus relaciones sociales.

13. Generalmente, los controles se realizarán...

a. ... una vez por semana, coincidiendo con un microciclo.
b. ... todos los días que se pueda.
c. ... cada 4-12 semanas, coincidiendo con un mesociclo.
d. ... una vez al año, coincidiendo con la programación general de referencia.

14. Rellene una tabla de recogida de datos en la que se aprecien las mejoras producidas a lo largo de los mesociclos (puede usar la mostrada en el capítulo como ejemplo). Partiendo de que el sujeto evaluado es una mujer que comienza con los siguientes datos de la evaluación inicial: 1800 m en el test de Cooper y 80 de FCB; 22 kg levantados en el ejercicio 1 en 6 repeticiones máximas; un valor de -2 en el test *Sit and reach* y de 80 en la flexión de cadera con goniómetro; un IMC de 30, 90 de ICC y 34 % de grasa (recuerde que son datos inventados, se busca la comprensión de que un programa ha producido mejoras en los diferentes controles).

Momento de control	Control R. Aer		Control F-R								Control flexibilidad		Control C. corporal	
	Cooper y FCB		Ejerc. 1		Ejerc. 2		Ejerc. 3		Ejerc. 4		Ejercicios			
Control inicial (Enero)	Metros	1900	kg	22	kg		kg		kg		Sit and reach	-2	IMC	30
	VO2max	31	Rep	6	Rep		Rep		Rep		Flexión cadera	80	ICC	90
	FCB	80	RM	26	RM		RM		RM				Grasa	34
Fin mesociclo 1 (Marzo	Metros	2000	kg	25	kg		kg		kg		Sit and reach	1	IMC	29
	VO2max	33	Rep	6	Rep		Rep		Rep		Flexión cadera	84	ICC	88
	FCB	80	RM	30	RM		RM		RM				Grasa	33
Fin mesociclo 2 (Junio)	Metros	2200	kg	28	kg		kg		kg		Sit and reach	3	IMC	29
	VO2max	38	Rep	6	Rep		Rep		Rep		Flexión cadera	87	ICC	88
	FCB	77	RM	34	RM		RM		RM				Grasa	32
Fin mesociclo 3 (Sept.)	Metros	2300	kg	30	kg		kg		kg		Sit and reach	3	IMC	28
	VO2max	40	Rep	6	Rep		Rep		Rep		Flexión cadera	88	ICC	87
	FCB	76	RM	36	RM		RM		RM				Grasa	30
Fin mesociclo 4 (Dic.)	Metros	2350	kg	32	kg		kg		kg		Sit and reach	5	IMC	27
	VO2max	41	Rep	6	Rep		Rep		Rep		Flexión cadera	90	ICC	86
	FCB	73	RM	38	RM		RM		RM				Grasa	29

15. Calcule el VO_2max a partir de los siguientes datos obtenidos en un control de entrenamiento:

a. Test de Cooper. Mujer de 69 kg, 29 años y distancia recorrida de 2.600 m.

VO^2max = (2600 - 504) / 45 = 47 ml/kg/min

b. Test de la milla. Mujer de 69 kg, 29 años, FC final de 140 y tiempo de la prueba 12 min y 45 s.

Es necesario pasar previamente los 45 s a min (45 dividido entre 60), que daría un valor de 0,75. Este valor sumado a la parte entera sería de 12,75 min. VO_2max = 132,853 - (0,169 * 69) - (0,3877 * 29) + (6,315 * 0) - (3,2649 * 12,75) - (0,1565 * 140) = 46 ml/kg/min

Solucionario Capítulo 6

1. **Este mes se han inscrito 16 varones de entre 26 y 35 años en su centro. En la prueba de abdominales en un min obtuvieron los siguientes resultados: 12 - 14 - 22 - 33 - 20 - 33 - 17 - 39 - 22 - 14 - 24 - 17 - 24 - 21 - 31 - 22. Elabore una tabla de frecuencias con las siguientes columnas: variable, frecuencia absoluta, frecuencia relativa, porcentaje, frecuencia absoluta acumulada, frecuencia relativa acumulada y porcentaje acumulado.**

Repeticiones	fi	hi	%	Fi	Hi	% acumulado
12	1	0,0625	6,25	1	0,0625	6,25
14	2	0,125	12,5	3	0,1875	18,75
17	2	0,125	12,5	5	0,3125	31,25
20	1	0,0625	6,25	6	0,375	37,5
21	1	0,0625	6,25	7	0,4375	43,75
22	3	0,1875	18,75	10	0,625	62,5
31	1	0,0625	6,25	11	0,6875	68,75
33	2	0,125	12,5	13	0,8125	81,25
33	2	0,125	12,5	15	0,9375	93,75
39	1	0,0625	6,25	16	1	100
Σ	16	1	100	-	-	-

2. **Indique qué tipo de datos son los siguientes.**

   a. 175 pulsaciones por minuto (ppm). **Cuantitativos discretos.**
   b. 16,7 m. **Cuantitativos continuos.**
   c. Alto, medio, bajo. **Cualitativos.**
   d. 56´6 s. **Cuantitativos continuos.**
   e. 16 repeticiones. **Cuantitativos discretos.**
   f. Bueno, malo, regular. **Cualitativos.**

3. **Extraiga dos conclusiones (a nivel porcentual) de la tabla de frecuencias del ejercicio número 1 (puede valerse de los valores de referencia expuestos en el capítulo 5 para ese rango de edad).**

   Conclusión 1: el 62,5 % de los sujetos no llegan a los niveles normales para su rango de edad.

   Conclusión 2: más del 43 % tienen valores muy bajos de fuerza resistencia según los valores de referencia, lo cual es bastante preocupante.

4. **Siguiendo con la tabla del ejercicio 1, si va a elaborar un programa de entrenamiento de fuerza resistencia:**

   ¿Comenzaría con el mismo volumen de entrenamiento para los sujetos que realizaron 12, 22 y 33 repeticiones?

   No comenzaría con el mismo volumen con estos sujetos.

   ¿Podrían realizar programaciones de base con subgrupos de usuarios en función de su nivel de fuerza? Establezca intervalos de repeticiones que podrían usarse como base para establecer programaciones generales de base.

   Sí. Por ejemplo: 12-17, 20-22, 31-33 y 39.

   ¿Serían estancas estas programaciones de base?

   No, dependerían de los criterios de individualización del capítulo 5, además de los cambios que se vayan produciendo en el rendimiento de los sujetos, que harían reajustar el programa de una u otra forma.

5. **Hoy, siete usuarios de su centro recorren 5 km en 24, 31, 30, 24, 30, 30 y 26 min, respectivamente. Calcule las medidas de centralización (si lo considera conveniente, puede crear primero una tabla de frecuencias).**

   Se creó una tabla de frecuencias con una serie de valores que servirán para este ejercicio y para los posteriores.

Moda: 30 min es el valor más repetido.

Mediana: n / 2 = 7 / 2 = 3,5 -> un valor mayor o igual a 3,5 en frecuencia acumulada es el 6. Por tanto, la mediana es de 30 min.

Media: (24 + 26 + 30 + 31) / 4 = 27,75 min.

Tiempo (min.)	fi	hi	%	Fi	Hi	% acumulado	$xi - \bar{x}$	$(xi - \bar{x})^2$
24	2	0,2875	28,571	2	0,2875	28,571429	- 4	14
26	1	0,1429	14,286	3	0,4286	42,857143	- 2	3
30	3	0,4286	42,857	6	0,8571	85,714286	2	5
31	1	0,1429	14,286	7	1	100	3	11
Σ	7	1	100	-	-	-	-	33

6. Con los datos del ejercicio número 5, calcule el percentil 10, 30, 50, 80 y 90.

Fórmulas (siendo n = 7):

P10 = 10 * n / 100; P30 = 30 * n / 100; P50 = 50 * n / 100; P80 = 80 * n / 100; P90 = 90 * n / 100

Resultados:

Percentil	Resultado	Tras localizar el valor mayor o igual en la Fi
P10	0,7	24 min
P30	2,1	26 min
P50	3,5	30 min (coincide con la mediana)
P80	5,6	30 min
P90	6,3	31 min

7. Con la tabla y resultados obtenidos en el ejercicio número 5, calcule el rango o amplitud, la varianza y la desviación típica.

Son necesarias las dos últimas columnas de la tabla incluida en el ejercicio 5, para dar solución a este problema.

- Rango: 31 - 24 = 7 min de dispersión.
- Varianza: la sumatoria de la última columna del ejercicio número 5 entre n – 1 = 3,6786 m de dispersión.
- Desviación típica: es la raíz cuadrada de la varianza. Y, por tanto, el resultado es 1,918 min de dispersión.

Nota: la raíz cuadrada se puede obtener fácilmente usando una calculadora. Para comprobarlo, tenemos que: (1,918)2 = 3,6786.

8. Elabore un diagrama de barras con los siguientes datos:

Mes	Repeticiones en Press de banca con 30 kg
Enero	10
Marzo	16
Mayo	23
Julio	29
Septiembre	33
Diciembre	35

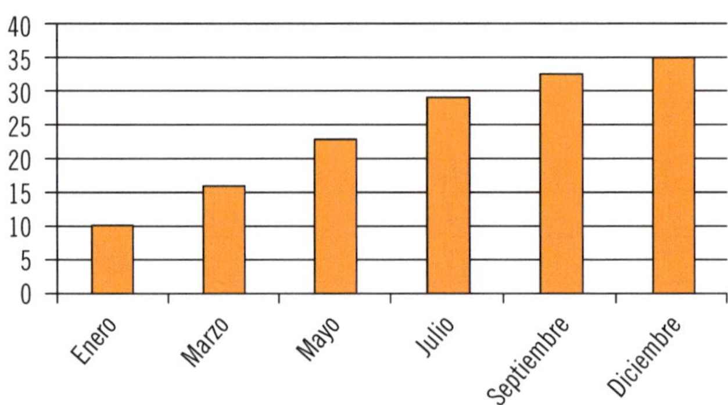

9. Pedro ha calculado el Índice Cintura Cadera de todas las mujeres de su centro, y ha obtenido los siguientes datos:

ICC mujeres	% clientes
Menos de 0,8	30
Entre 0,8 y 0,85	45
Más de 0,85	15

¿Podría ayudar a Pedro a elaborar un diagrama de sectores para colgar sus resultados en el centro de *fitness* Saludplus?

ICC de las clientes del centro "Saludplus"

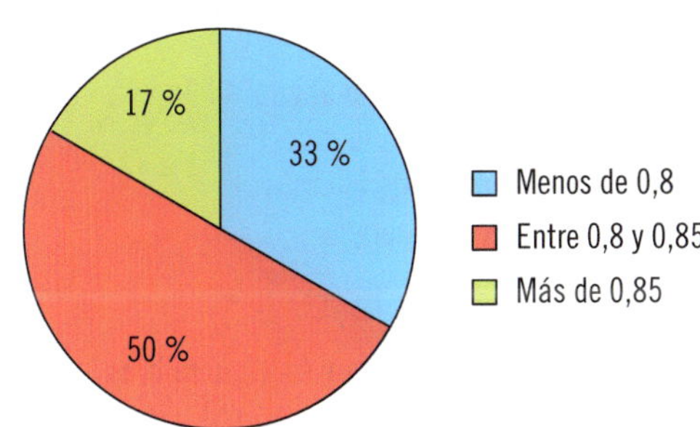

10. Diferencie entre un polígono de frecuencias y un histograma.

En el histograma, las frecuencias se representan en barras verticales unidas, y en el polígono de frecuencias se representan por puntos que son unidos por líneas.

11. Señale la afirmación correcta referida a las gráficas comparativas.

a. Lo más usual es realizarlas entre pictogramas y diagrama de sectores.
b. Lo más usual es realizarlas bien con diagrama de barras o polígonos de frecuencia.
c. Comparan siempre los resultados obtenidos en un mesociclo con el siguiente mesociclo.
d. Lo más usual es valorar el IMC de los sujetos a partir de estas gráficas.

12. Indique tres utilidades de las representaciones gráficas.

- Prescribir programas de entrenamiento.
- Ver la evolución del rendimiento durante un periodo de tiempo.
- Comparar la eficacia de dos programas de entrenamiento.

13. El objeto de las medidas de centralización es:

a. Averiguar el valor en torno al cual tienden a agruparse los datos.
b. Indicar la localización de la muestra.
c. Indicar la variabilidad de la muestra.
d. Calcular la media aritmética.

14. Invente una representación gráfica y explíquela brevemente.

Para reajustar los planes de entrenamiento cardiovascular se decide aconsejar a todos los sujetos de "Centro-3" que se tomen la FCB. Además de reajustar los planes de entrenamiento, se decide colgar esta información en la página web del centro. Esta se representa en un histograma.

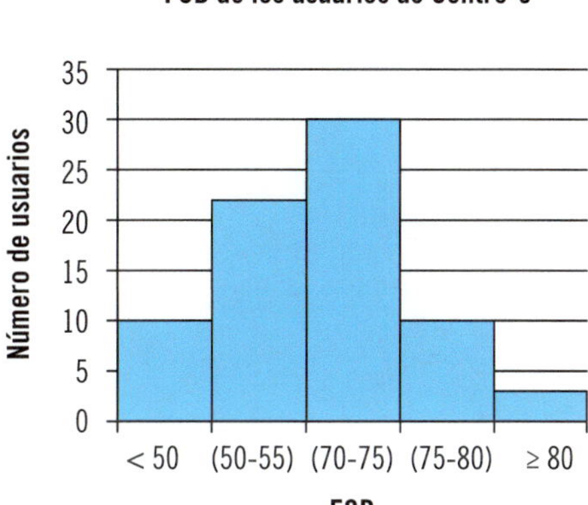

Conclusión: la mayor parte de los usuarios tiene una FCB de entre 70-75 ppm, siendo las pulsaciones mayores o iguales a 80 los resultados menos frecuentes.

15. Indique el significado de los siguientes elementos.

Elemento	Significado
xi	Variables
fi	Frecuencia absoluta
hi	Frecuencia relativa
%	Porcentaje
Fi	Frecuencia absoluta acumulada
Hi	Frecuencia relativa acumulada
% acumulado	Porcentaje acumulado
$\sum$	Sumatoria

Solucionario Capítulo 7

1. **Indique paso a paso cómo hacer que A1 sea una celda desplegable que incluya: Prensa inclinada (1), Remo en polea baja (16), Cruce de poleas (22), Pájaro con mancuernas (39), Curl con mancuernas (42), Extensiones en polea (48) y Crunch (53).**

   1º. Los datos indicados (1, 16, 22, 39, 42, 48 y 53) se deben colocar en una columna para que posteriormente puedan ser seleccionados.

DATOS EN COLUMNA
Prensa inclinada (1)
Remo en polea baja (16)
Cruce de poleas (22)
Pájaro con mancuernas (39)
Curl con mancuernas (42)
Extensiones en polea (48)
Crunch (53)

   2º. Seleccionar la celda A1.

   3º. En el menú Datos hacer clic en Validación de datos.

   4º. En la ventana que aparece haga clic en Configuración.

   5º. En el criterio validación se ha de seleccionar la opción Lista.

   6º. Elija la lista de elementos arrastrando el ratón por los ejercicios de la columna (las siete últimas filas).

   7º. Haga clic en Aceptar y compruebe en la celda A1 que puede seleccionar estos elementos.

2. **Indique cómo se hacen las siguientes operaciones en una hoja de cálculo con ejemplos de celdas (por ejemplo, A1 + B1).**

   a. Suma: = A1 + A2 + A3.
   b. Resta: = A1 - A2.
   c. Multiplicación: = A2 * A3.
   d. División: = A2 / A3.

3. **¿Por qué se rellenan algunas celdas en negro y otras en rojo?**

Para adaptar las rutinas, tablas de controles, etc. se utilizan valores en rojo, que son los únicos en los que se debe escribir. La idea es que los valores en negro aparezcan automáticamente o bien no se modifiquen porque sean de un título.

4. **Responda a las siguientes cuestiones referidas a las hojas de cálculo.**

¿Qué referencia se ha de tomar para el ancho y alto óptimo de todas las celdas?

La celda de menor tamaño.

¿Las celdas pueden dividirse o combinarse? ¿Cómo realizarlo en su caso?

Combinarse. En el menú Inicio seleccionar la herramienta Combinar (o Combinar y centrar), previamente se habrán seleccionado las celdas a combinar.

La primera celda que aparece en una hoja de cálculo es: (esquina superior izquierda).

A1 (de la columna A y la fila 1).

5. **Calcule el ritmo (min/km) de Luisa en la sesión 1 sabiendo que ha realizado un tiempo de 36 min de carrera continua y una distancia de 6 km marcada en la cinta. Para ello, debe indicar las fórmulas a utilizar en una hoja de cálculo si el fragmento es el siguiente:**

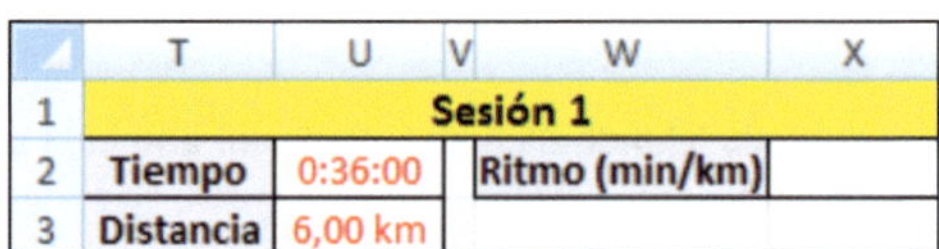

	T	U	V	W	X
1	Sesión 1				
2	Tiempo	0:36:00		Ritmo (min/km)	
3	Distancia	6,00 km			

La fórmula en una hoja de cálculo sería: = U2 / U3, y el resultado es de 0:06:00. Es decir, divide el tiempo total entre la distancia recorrida para que dé la media de minutos realizados por cada kilómetro.

6. **Siguiendo con la actividad número 5, en la sesión 2, Luisa ha realizado 30 min (U5) y 5,2 km (U6). Si son las dos únicas sesiones de la semana, ¿cuál sería el total de minutos y kilómetros realizados?, ¿cuál sería el ritmo medio? Indique las fórmulas utilizadas en la hoja de cálculo.**

    a. El ritmo de la sesión 2 sería de 0:05:46 calculado a través de la fórmula: = U5 / U6.
    b. El tiempo total en la semana sería de 1:06:00 calculado a través de la fórmula: = U2 + U5.
    c. El total de kilómetros en la semana sería de 11,2 calculados a través de la fórmula: = U3 + U6.
    d. El ritmo medio en la semana sería de 0:05:53 calculado a través de la fórmula: = (AA2 + AA5) / 2; suponiendo que AA2 es el ritmo medio de la primera sesión y AA5 es el ritmo medio de la segunda sesión (estos últimos variarán en función de las celdas que haya utilizado para los cálculos).

7. **Siguiendo con la actividad número 5, una segunda cliente, Laura, en el mismo tiempo realizó 7 km (entrenan juntas en las máquinas cardiovasculares con la misma intensidad relativa, es decir, porcentaje de la FCR, pero con diferente intensidad absoluta, ya que Laura puede ir más rápido al mismo porcentaje). Si tuviera que hacer los mismo cálculos con Laura, ¿qué haría usted? (no tiene que indicar los cálculos).**

    1. Copiaría esa hoja de cálculo en la carpeta de Laura.
    2. Abriría la hoja de cálculo.
    3. Solo modificaría los datos en rojo, ya que los cálculos se realizarán de forma automática.

8. Indique algunas de las utilidades o datos que se pueden obtener con los siguientes dispositivos:

Dispositivo	Utilidades o datos a obtener
Podómetro	Pasos, distancia recorrida y gasto calórico.
Pulsómetro	Pulsaciones y tiempo. Los más avanzados obtienen además: distancia, gasto calórico, ritmo, velocidad, altitud, representaciones gráficas, recorrido seguido, etc.
Teléfono móvil	Las mismas que el pulsómetro avanzado, exceptuando las pulsaciones.
Ordenador y/o tablet	Permite volcar los datos para su almacenaje y análisis. Algunas de sus aplicaciones servirán para el análisis de datos en resistencia o para prescribir entrenamientos de fuerza (a veces se siguen al momento con un conteo de la máquina), entre otros aspectos, como posibilidad de utilizar hojas de cálculo.

9. Un pulsómetro se compone de...

... una cinta y un reloj.

10. ¿Para qué se utiliza el símbolo "$" en las hojas de cálculo?

Para que, al arrastrar la función de una celda, la celda marcada con ese símbolo no varíe, ya que al arrastrar suele variar automáticamente para obtener valores de otras celdas.

11. Señale la afirmación correcta.

a. **Las aplicaciones de los teléfonos móviles pueden aportar valores muy útiles como el tiempo, la distancia, el ritmo o velocidad, las Kcal, etc.**
b. Lo más interesante de los dispositivos tecnológicos es que sustituyen a la figura del entrenador.
c. El podómetro es el dispositivo tecnológico más usado actualmente para entrenar.
d. Un pulsómetro solo está programado para calcular las pulsaciones por minuto.

12. ¿Cuál es el símbolo a buscar para insertar una función?, ¿cuál es la forma más fácil de incluir la función sin necesidad de buscar ese símbolo?

- El símbolo es: "*f*x".
- La forma más fácil es: comenzar con "=" (sin las comillas).

13. ¿Para qué sirve la función SUMAR.SI?

a. Para que sume una serie de elementos sí o sí.
b. Para realizar la suma tras incluir los datos, es como dar el consentimiento a la celda para que pueda realizar automáticamente la suma.
c. Para sumar datos si cumplen una condición determinada.
d. Todas las opciones son incorrectas.

14. ¿Cuál es la ventaja de usar hojas de cálculo con respecto a realizar los cálculos manualmente?

Que los cálculos se realizan en menos tiempo, ya que aplicando la fórmula la primera vez, las siguientes solo hay que incluir los datos para que el propio ordenador realice los cálculos. Además, estas fórmulas pueden ser copiadas o arrastradas a otras celdas, lo que hace que se ahorre tiempo y gane eficacia a la hora de programar.

15. Relacione los elementos de las columnas (coloque el número de la columna 1 en el lugar correspondiente de la columna 2).

1. Al pulsar sobre la celda puede elegir una serie de elementos.	2. Hojas de cálculo.
2. Podemos encontrarlas en Microsoft Office Excel u OpenOffice.org Calc.	5. *Software.*
3. Las máquinas cardiovasculares también pueden obtener estos datos.	1. Celda desplegable.
4. Tuvo su boom, pero actualmente está en decadencia.	4. Podómetro.
5. Conjunto de programas informáticos que permiten realizar ciertas funciones previamente programadas en un dispositivo electrónico.	3. Velocidades, ritmos, distancias, gasto energético (kcal), etc.

Solucionario 5

Eventos en Fitness seco y acuático

Solucionario Capítulo 1

1. El concepto de *fitness* se relaciona con...

a. ... el nivel de condición física de un sujeto.
b. ... *fit.*
c. ... las cualidades físicas básicas.
d. Todas las opciones son correctas.

2. Enumere las cuatro características más importantes que hacen de una actividad físico-deportiva un evento en *fitness* seco o acuático.

- Repercusión social.
- Asistencia de público.
- Presencia de los medios de comunicación.
- Presencia de la televisión. Audiencia televisiva.

3. ¿En qué puede ayudar la celebración de un evento en *fitness?*

a. Generar mayores ingresos.
b. Conocer nuevas personas.
c. Fidelización y captación de clientes.
d. Remodelación de instalaciones.

4. Indique si las siguientes afirmaciones son verdaderas o falsas.

a. Los eventos se pueden clasificar desde diferentes puntos de vista.

☑ **Verdadero**
☐ Falso

b. Concurso y competición son términos sinónimos.

☐ Verdadero
☑ **Falso**

c. Se puede recurrir a las exhibiciones cuando se quiere mostrar en público una actividad de *fitness.*

☑ **Verdadero**
☐ Falso

d. El fin último de una actividad o juego de animación en *fitness* es entretener y divertir a los participantes.

☑ **Verdadero**
☐ Falso

5. ¿Cómo clasifica Añó (2011) los eventos según el punto de vista de la organización?

- Actividades puntuales.
- Actividades permanentes.

6. ¿Cómo se pueden clasificar los eventos según su capacidad organizativa?

a. Grandes, medianos y pequeños eventos.
b. Globlales, regionales y eventos locales.
c. Dificultad baja, media o alta.
d. Según la entidad organizativa.

7. Un Mundial de Fútbol, ¿a qué tipo de evento correspondería?

a. Evento pequeño
b. Evento mediano
c. Gran evento
d. Evento popular

8. Seleccione la opción correcta con respecto a los criterios a tener en cuenta para la elaboración de una ficha de eventos en *fitness.*

a. Tipo de acto, organización y lugar.
b. Tipo de acto, organización y asistentes.
c. Planificación y convocatoria.
d. Las opciones a y c son correctas.

9. ¿Cuáles son las tres formas más utilizadas para organizar un fichero de eventos?

- Por orden alfabético según el nombre del evento.
- Por orden cronológico.
- Por áreas temáticas.

10. Complete la siguiente afirmación:

Se puede relacionar la adecuación con la **información** previa que se tenga del grupo. De esta forma, se puede establecer una relación en la que cuanta **mayor** información, mayor **adecuación** a los participantes del evento.

11. ¿De qué manera influye el nivel de condición física con el éxito de un evento?

a. Mayor nivel exigido, mayor éxito.
b. Mayor nivel de los participantes, mayor éxito.
c. Mayor adecuación al nivel, mayor éxito.
d. Menor nivel, mayor éxito.

12. Según Hernández, ¿qué tres aspectos se deben considerar del tiempo de juego?

- Tiempo psicomotriz.
- Tiempo sociomotriz.
- Tiempo estable y estandarizado.

13. Enumere las 3 fases de un evento relacionadas con el tiempo.

- Preparación y ejecución
- Celebración
- Postevento y cierre

14. Se pueden distinguir los espacios según...

a. ... el espacio próximo.
b. ... las instalaciones construidas y los espacios naturales.
c. ... las instalaciones privadas.
d. ... las instalaciones públicas.

15. Cuando se realiza un evento, se deben distinguir objetivos de...

a. ... la organización, los organizadores y específicos del evento.
b. ... la organización, los participantes y específicos del evento.
c. ... la sede organizativa y los espectadores.
d. ... la organización y los usuarios.

Solucionario Capítulo 2

1. **Las cuatro estructuras organizativas en relación con la interpretación del programa y de las directrices son:**

    a. Programas individuales y programas colectivos.
    b. Gestión directa, empresas adjudicatarias, gimnasios o clubes y gestión mixta.
    c. Gestión indirecta, empresa adjudicataria, gimnasios o clubes y gestión mixta.
    d. Empresas, colegios y asociaciones.

2. **Conteste si las siguientes afirmaciones son verdaderas o falsas.**

    a. El CSD es un ente deportivo privado.

    ☐ Verdadero
    ☑ **Falso**

    b. Las funciones y competencias para el fomento y desarrollo de la política deportiva en las comunidades autónomas españolas están establecidas en los respectivos estatutos de autonomía.

    ☑ **Verdadero**
    ☐ Falso

    c. Las entidades locales están conformadas por ayuntamientos, diputaciones y cabildos.

    ☑ **Verdadero**
    ☐ Falso

    d. Los entes deportivos privados son el Comité Olímpico Español, el Programa ADO, las federaciones deportivas, las ligas profesionales y las entidades asociativas deportivas.

    ☑ **Verdadero**
    ☐ Falso

e. Una Sociedad Anónima creada para gestionar una cadena de centros deportivos puede considerarse una Sociedad Anónima Deportiva.

- ☐ Verdadero
- ☑ **Falso**

3. Nombre los cuatro tipos de usuarios-clientes destinatarios que establece Paz (2005) para diferenciar a los clientes desde la perspectiva del servicio.

- Público objetivo.
- Cliente potencial.
- Cliente eventual.
- Cliente habitual.

4. ¿Cómo se puede considerar la mercadotecnia deportiva según la visión de cada actividad comercial?

a. Patronato empresarial y endoso.
b. Estrategia comercial.
c. Análisis de las oportunidades de mercadeo.
d. Patrocinio empresarial, endoso y mercadotecnia de eventos.

5. Rellene los huecos:

El objetivo de los estudios de viabilidad es permitir **evaluar** la **rentabilidad económica** del proyecto que se quiere elaborar. Es decir, que nuestra idea empresarial tenga **éxito.**

6. Enuncie las cuatro etapas que se pueden encontrar en una propuesta de actividades específicas a entidades y particulares.

- Diseño.
- Funciones principales y preparatorias.
- Desarrollo.
- Fase del postevento.

7. La organización humana se puede organizar desde tres puntos de vista:

a. Enfoque administrativo, enfoque contable y enfoques de gestión.
b. Coordinación de técnicos, elaboración de presupuestos y previsión de materiales.
c. Enfoque de servicios, enfoque de metas y enfoque de ventas.
d. Recursos humanos directos, indirectos y mixtos.

8. Cuando se consideran aisladamente los elementos planificación, organización, dirección y control...

a. ... son funciones recreativas.
b. ... son funciones administrativas.
c. ... forman el proceso administrativo.
d. Las opciones b y c son correctas.

9. ¿Qué significan las "5 W" del *marketing?*

a. Cómo, cuándo, dónde, qué y por qué.
b. *What, Where, When, How, Why.*
c. ***Who, Where, When, What* y *Why.***
d. Las opciones a y c son correctas.

10. Nombre los principales objetivos del *marketing* promocional.

- Apoyar la introducción de nuevas actividades y productos.
- Dar salida a los excesos de *stock.*
- Obtener liquidez a corto plazo.
- Incentivar y apoyar a los clientes.
- Crear barreras a la competencia.

11. **¿Qué autor afirma que la planificación es "un proceso que persigue la consecución de unos resultados, establecidos de antemano, en relación a unas necesidades, existentes o creadas; su sistemática consistirá en analizar, prever y ordenar las acciones posibles y los medios disponibles, buscando la eficiencia y la eficacia, controlando y evaluando su desarrollo y los logros alcanzados"?**

    a. Dror
    b. Mestre Sancho
    c. Yerga
    d. Paris Roche

12. **Seleccione la afirmación correcta.**

    a. Una planificación estratégica dura de 6 a 10 años.
    b. Una planificación intermedia es también llamada operacional.
    c. Una planificación operacional suele ser anual.
    d. Las opciones a y c son correctas.

13. **Conteste si las siguientes afirmaciones son verdaderas o falsas.**

    a. El POA está asociado con el Plan Estratégico de la Organización.

    ☑ **Verdadero**
    ☐ Falso

    b. El POA es el elemento de unión entre el nivel estratégico y el nivel operativo.

    ☑ **Verdadero**
    ☐ Falso

    c. Un objetivo del POA es reflexionar sobre los objetivos generales y objetivos estratégicos.

    ☐ Verdadero
    ☑ **Falso**

d. La misión, visión y valores responden a las preguntas primarias que deben plantearse los fundadores cuando crean una empresa.

☑ **Verdadero**
☐ Falso

e. Los indicadores solo son cuantitativos y nos permiten fijar y poner límite a los objetivos.

☐ Verdadero
☑ **Falso**

14. Mestre Sancho (1994) establece que la planificación puede estructurarse en función de consideraciones distintas, pero las más comunes suelen ser las **temporales** y las **geográficas.**

15. Los planes alternativos...

a. ... siempre se ejecutan.
b. ... deben incluirse necesariamente en la previsión.
c. ... deben evitarse.
d. ... resultan útiles para no aplazar o suspender un evento.

Solucionario Capítulo 3

1. El objetivo global de la promoción es:

a. Dirigir un programa.
b. Influir en el comportamiento.
c. Dar calidad de servicio.
d. Capacitar a los trabajadores.

2. Los objetivos específicos de la promoción son:

a. Informar y controlar.
b. Informar, persuadir y controlar.
c. Determinar, controlar y categorizar.
d. Informar, persuadir y recordar.

3. Conteste según proceda:

a. Dentro de la prensa escrita es posible encontrarse con diarios y revistas.

☑ **Verdadero**
☐ Falso

b. Una ventaja de difundir la información a través de las nuevas tecnologías es la implicación de los usuarios.

☑ **Verdadero**
☐ Falso

c. La radio tiene un alto coste de difusión.

☐ Verdadero
☑ **Falso**

d. Dentro del seguimiento de los eventos deportivos, se debería realizar un análisis de la eficiencia comparativa.

☑ **Verdadero**
☐ Falso

e. Un cuestionario es una guía que permite reflexionar sobre el nivel de satisfacción personal del evento deportivo.

☐ Verdadero
☑ **Falso**

4. Para evitar accidentes se deben seguir criterios preventivos básicos que se distinguen según tres zonas. Elija la respuesta incorrecta.

a. Pasillos y superficies de tránsito.
b. Alrededores.
c. Espacios de trabajo.
d. Escaleras.

5. Cuando se habla de sostenibilidad, se hace en base a tres aspectos. Señale cuáles son:

- Diseño.
- Ahorro energético.
- Ahorro de agua.

6. ¿Entre qué modelos en la selección técnica de personal distingue Schein?

a. Modelo de selección y modelo técnico.
b. Modelo se selección, modelo de clasificación y modelo de la organización.
c. Modelo técnico y modelo de clasificación.
d. Modelo de selección, modelo de clasificación y modelo orgánico.

7. **Rellene los huecos:**

En el ámbito del *fitness* son muy habituales, en el proceso de selección de personal, las **dinámicas de grupo,** para evaluar la capacidad de **trabajo en equipo** y cooperación con los futuros compañeros de trabajo. También se recurre a pequeñas **audiciones** en las que se demuestran las **habilidades** específicas del puesto de trabajo.

8. **¿Cómo clasifica Bravo las actividades recreativas?**

- Totalitarias.
- De contacto con la naturaleza.
- De expresión musical.
- De expresión corporal.
- Predeportivas.

9. **Una de las funciones principales del dinamizador es:**

a. Elegir bien el repertorio musical.
b. Coordinar a los distintos instructores.
c. La empatía con los participantes.
d. Vender ropa deportiva de la marca que lo patrocina.

10. **¿A qué corresponde la siguiente definición: "... es el acto a través del cual las personas encargadas del evento ponen en marcha todo lo organizado y planeado anteriormente"?**

a. Representación
b. Puesta en marcha
c. Preparación
d. Ejecución

11. **¿En función de qué parámetros existen distintos tipos de evaluación?**

- Del momento en que se realiza.
- De quien realiza la evaluación
- De la escala de los proyectos.
- De los destinatarios de la evaluación.

12. ¿Cómo puede ser la evaluación?

a. Sistemática y no sistemática.
b. Directa e indirecta.
c. Grupal y personal.
d. Las opciones a y b son correctas.

13. Seleccione la opción incorrecta de las técnicas utilizadas para analizar datos cuantitativos:

a. Porcentajes.
b. Análisis factorial.
c. Análisis del discurso.
d. Medidas de variabilidad.

14. Nombre los factores que se deben tener en cuenta para un plan de contingencia:

- Densidad de ocupación del evento.
- Características de los participantes.
- Existencia de personas ajenas al evento.
- Condiciones de seguridad del lugar del evento.

15. ¿Qué significa PAS?

Proteger, Alertar y Socorrer

Solucionario 6

Dominio técnico, instalaciones y seguridad en sala de entrenamiento polivalente

Solucionario Capítulo 1

1. La Sala de Entrenamiento Polivalente es:

a. Un espacio en el que se desarrollan actividades deportivas.
b. Un lugar donde se imparten clases colectivas.
c. Un espacio construido para la realización de distintas actividades físicas y deportivas.
d. Un espacio construido y acondicionado especialmente para la realización de diferentes actividades físicas.

2. Relacione los siguientes aparatos con sus correspondientes características.

a. Máquinas neumáticas
b. Máquinas isocinéticas
c. Máquinas selectorizadas
d. Máquinas de palancas convergentes

c. La carga se escoge mediante placas.
a. Funcionan por aire comprimido.
d. Permite trabajar unilateralmente.
b. Se ejercita a una velocidad constante.

3. Diga si es verdadero o falso:

Las máquinas isocinéticas son un método eficaz en la fase de recuperación de lesiones.

☑ **Verdadero**
☐ Falso

4. **Complete el siguiente texto.**

Se entiende por **barreras arquitectónicas** aquellos obstáculos, trabas o impedimentos de carácter permanente o **temporal,** que limitan o dificultan la **libertad de movimientos,** el acceso, la estancia, la **circulación** y la comunicación sensorial de las personas que tienen **limitada o disminuida,** temporal o permanentemente, su **movilidad** o capacidad de relacionarse con el **entorno.**

5. **¿Con qué tipo de dificultades se puede encontrar una persona con movilidad reducida?**

- Dificultades de alcance.
- Dificultades de control.
- Dificultades para superar desniveles.
- Dificultades para realizar maniobras.

6. **¿Cuál de las siguientes no es un tipo de barra utilizada en las salas de peso libre?**

a. Barra olímpica
b. Barra EZ
c. Barra halterofila
d. Barra hexagonal

7. **Defina mantenimiento preventivo.**

Hace referencia al conjunto de operaciones que se realizan para prevenir el deterioro de los aparatos y materiales presentes en la instalación deportiva.

8. **¿Cuál de las siguientes tareas de mantenimiento preventivo no se realizaría en una bicicleta elíptica?**

a. Revisión y comprobación del alternador.
b. Ajuste y lubricación de tensores.
c. Medida de potencia activa, reactiva y factor de potencia.
d. Revisión de tapizados.

9. ¿Qué es un *foam-roller* y para qué se utiliza?

Es un rodillo o rulo de espuma que se utiliza para liberar los puntos gatillo.

10. Ordene de mayor (1) a menor (4) las necesidades de estabilización articular derivadas de la utilización de los siguientes aparatos:

4. Máquinas selectorizadas.
2. Barras.
1. Mancuernas.
3. Máquinas de palancas convergentes.

11. ¿Cuál de los siguientes elementos no debe aparecer en el plan de mantenimiento?

a. Financiación del plan.
b. Objetivos.
c. Contratación de servicios externos.
d. Fecha de inspección.

12. Explique las partes de las que se compone un aparato de electroestimulación convencional.

Posee un aparato con panel de control, cables, electrodos y parches.

13. ¿Qué anchura mínima deben tener las puertas para que se considere accesible una instalación deportiva?

a. 0,80 m.
b. 1,10 m.
c. 1,20 m.
d. 1,40 m.

14. ¿Qué tipos de freno pueden tener los cicloergómetros?

a. Magnético y de disco.
b. De disco y mecanico.

c. Eléctrico y magnético.
d. Mecánico y electromagnético.

15. ¿Qué frecuencia de estímulo es la más adecuada para reclutar las fibras más rápidas?

a. 1-10 Hz.
b. 10-30 Hz.
c. 30-50 Hz.
d. > 50 Hz.

Solucionario Capítulo 2

1. **Se habla de biomecánica cuando...**

   a. ... el estudio de la dinámica se centra en las estructuras vivientes.
   b. ... se estudian las fuerzas que rigen la mecánica.
   c. ... el estudio de la cinética se centra en el cuerpo humano.
   d. ... el estudio de la mecánica se centra en las estructuras vivientes.

2. **Enumere al menos 7 principios biomecánicos.**

   Principio de impulso, proyección óptima, resistencia al avance, estabilidad, flotabilidad, sumatorio de fuerzas y secuencia de fuerzas.

3. **¿Cuál de estos no es un ámbito de aplicación de la biomecánica?**

   a. Biomecánica operacional
   b. Biomecánica ocupacional
   c. Biomecánica deportiva
   d. Biomecánica médica

4. **Diga si la siguiente afirmación es verdadera o falsa:**

   El plano frontal es perpendicular al plano transversal y al sagital.

   ☑ **Verdadero**
   ☐ Falso

5. **Complete el siguiente texto.**

   Las fibras tipo I se caracterizan por poseer una velocidad de contracción **lenta,** debido a la **baja actividad** que tiene la miosina ATPasa dentro de la fibra muscular.

   Poseen un elevado número de **mitocondrias,** lo que las hace tener un alto potencial para la **actividad oxidativa.** Gracias a esto, son difícilmente **fatigables,** ya que distribuyen una tasa alta de oxígeno y **nutrientes.**

6. ¿Cómo se pueden clasificar las contracciones musculares en función de la longitud del músculo?

Según la longitud del músculo, se dividen en:

- Anisométrica o dinámica: se divide en concéntrica y excéntrica.
- Isométrica o estática.

7. ¿De qué está compuesta una unidad motora?

a. Neurona y actina.
b. Axón y motoneurona β.
c. Fibras musculares y motoneurona α.
d. Músculo esquelético y nervios.

8. Defina brazo de potencia.

Es la distancia existente entre el punto de aplicación de fuerza y el fulcro.

9. ¿Cuál es la proteína responsable de las propiedades elásticas del músculo?

a. Miosina
b. Nebulina
c. Actina
d. Titina

10. ¿Qué órganos son los responsables del reflejo miotático? ¿Cómo actúan?

Los husos neuromusculares aumentan la activación de las motoneuronas alfa para provocar la contracción muscular.

11. Ordene la estructura muscular desde la capa más externa (1) a la más interna (5).

3. Miofibrillas.
5. Filamentos de actina y miosina.
1. Epimisio.
4. Sarcómera.
2. Fibra muscular.

12. ¿Cuál de las siguientes propiedades biomecánicas no corresponde a los tendones?

a. Viscosidad
b. Elasticidad
c. Densidad
d. Plasticidad

13. ¿Cómo funcionan los órganos tendinosos de Golgi?

1. Las fibras musculares al contraerse generan tensión.
2. La tensión actúa sobre el tendón, si se generan los niveles suficientes, se activan los órganos tendinosos de Golgi.
3. Se manda impulso nervioso a la médula espinal para iniciar la inhibición en las neuronas motrices anteriores.

14. ¿Qué movimientos puede realizar la articulación del hombro?

a. Flexión, extensión, rotación interna y externa.
b. Flexión, extensión, abducción, aducción, rotación interna, rotación externa y circunducción.
c. Flexión, extensión, abducción, abducción, rotación interna y rotación externa.
d. Flexión, extensión, aducción y abducción.

15. ¿Cómo se llama el organismo español encargado de elaborar y adaptar las normas sobre los equipamientos deportivos?

a. UNE
b. UNE-EN
c. AENOR
d. CEN

Solucionario Capítulo 3

1. **Se entiende como técnica...**

    a. ... la aplicación de las fuerzas.
    b. ... realizar un gesto de manera adecuada.
    c. ... procedimiento para resolver una tarea motriz de manera eficiente.
    d. ... proceso por el cual se genera la fuerza apropiada en el momento adecuado.

2. **Enumere las distintas posiciones que se pueden realizar sobre las máquinas y aparatos presentes en las SEP.**

    - Un apoyo: apoyo monopodal o unipodal.
    - Dos apoyos: dipedestación o de rodillas.
    - Tres apoyos: 2 manos y un pie o 2 pies y una mano.
    - Cuatro apoyos: cuadrupedia o 2 manos y 2 piernas.
    - Otros tipos: decúbito supino, decúbito prono y sedestación.

3. **¿Por qué es importante adecuar la respiración al ejercicio realizado?**

    a. Mejora la producción de fuerza y potencia.
    b. Retrasa la aparición de fatiga y aumenta la producción de energía.
    c. Mejora la eficiencia del movimiento y aumenta la potencia.
    d. Retrasa la aparición de fatiga y mejora la eficiencia del movimiento.

4. **De la siguiente afirmación, diga si es verdadera o falsa:**

    La musculatura sinergista actúa en el mismo sentido que la agonista.

    ☑ **Verdadero**
    ☐ Falso

5. **Complete el siguiente texto.**

    Siguiendo a De Norris (1998), la posición de bipedestación soporta **una presión del 100 %, decúbito supino** 25 %, decúbito lateral **75 %, sedestación** 140 % y, en función de donde se coloque la carga con respecto **a la línea media del cuerpo,** esta irá incrementando o descendiendo.

6. ¿Entre qué vertebras se producen la mayor parte de las lesiones discales?

a. D11-D12 y L1-L2.
b. L2-L3 y L3-L4.
c. L6-S1 y S1-S2.
d. L4-L5 y L5-S1.

7. ¿Qué quiere decir que un ejercicio se realiza en autocarga?

Que es realizado únicamente con el propio peso corporal.

8. Enumere al menos tres variantes del ejercicio de sentadillas.

Sentadillas profundas, tipo sumo, al cajón.

9. ¿Qué músculo no se activa durante la realización del ejercicio fondos de tríceps?

a. Tríceps braquial
b. Ancóneo
c. Deltoides anterior
d. Deltoides posterior

10. Señale la opción incorrecta. La realización de forma regular de ejercicios de estiramientos proporcionará al organismo los siguientes beneficios...

a. ... mejorar la amplitud de los movimientos realizados.
b. ... reducir los niveles de tensión muscular.
c. ... incrementar la potencia desarrollada.
d. ... prevenir lesiones.

11. Defina brevemente en qué consisten los estiramientos en tensión activa.

Alternan contracciones musculares de la musculatura agonista con estiramientos. Este tipo de trabajo de flexibilidad es el que debe realizarse antes de cualquier actividad deportiva.

12. Enumere al menos tres beneficios derivados del trabajo de movilidad articular.

- Optimización de la ejecución motora.
- Optimización del proceso de aprendizaje motor.
- Mejora de las cualidades físicas (fuerza, velocidad, resistencia).

13. ¿Cuál de las siguientes no corresponde a una de las fases de la carrera?

a. Apoyo
b. Recepción
c. Impulso
d. Elevación

14. De la siguiente afirmación, diga si es verdadera o falsa:

La fatiga se manifiesta como una pérdida total o parcial de las capacidades físicas del deportista.

☑ **Verdadero**
☐ Falso

15. Complete el siguiente texto.

Las agujetas están asociadas a un incremento de la **rigidez muscular** y a una pérdida **del rango de movimiento articular.**

Solucionario Capítulo 4

1. **¿Cuál de las siguientes opciones corresponde a un riesgo relacionado con la desinformación?**

    a. Accesibilidad a la instalación.
    b. Hojas de reclamaciones.
    c. Equipamiento disponible.
    d. Plan de autoprotección.

2. **¿Qué diferencias existen entre las normas ISO y CEN? ¿Qué organismo se encarga de elaborar y adaptar las leyes internacionales y europeas en España?**

    Las normas ISO son las normas internacionales, mientras que las normas CEN son las europeas.

    En España, la Asociación Española de Normalización y Certificación (AENOR) es el organismo encargado de elaborar y adaptar las leyes internacionales y europeas.

3. **¿En qué documento se recogen las disposiciones generales y exigencias básicas que deben cumplir las instalaciones?**

    a. Decreto básico de instalaciones.
    b. Real Decreto 173/2010.
    c. Código Técnico de la Edificación.
    d. Plan de Autoprotección.

4. **De la siguiente afirmación, diga si es verdadera o falsa:**

    Las normas estatales prevalecen a las de nivel autonómico cuando ambas entren en conflicto de competencias.

    ☑ **Verdadero**
    ☐ Falso

5. **Complete el siguiente texto.**

La seguridad puede definirse como el **mecanismo de protección** frente a los diferentes **riesgos** que afectan al bienestar **físico** y **psíquico** de las personas. Este mecanismo actúa **minimizando o eliminando** por completo dichos riesgos.

6. **¿Cuál de estas medidas de seguridad no sirve para garantizar la seguridad de los bienes?**

   a. Revisar estado del pavimento.
   b. Señalizar zonas de riesgo si existiesen elementos que pudieran provocarlos.
   c. Revisar estabilidad y anclajes de la maquinaria.
   d. Elaborar las hojas de registro.

7. **¿Qué quiere decir que la seguridad es obligatoria? ¿Y necesaria?**

Cuando se habla de seguridad obligatoria, hace referencia a la obligación a cumplir las leyes vigentes en dicha materia.

Cuando se habla de seguridad necesaria, hace referencia a la multitud de riesgos presentes que pueden suponer daños o pérdidas.

8. **¿Qué elementos debe contener el plan de autoprotección?**

El plan de autoprotección debe recoger todo el conjunto de acciones y medidas establecidas por los responsables de la instalación, medios y recursos destinados a manejar y prevenir los riesgos que puedan afectar a personas y bienes.

9. **¿Qué tipos de riesgo no están presentes en la instalación?**

   a. Riesgo por uso incorrecto de los medios de entrenamiento.
   b. Riesgos médicos.
   c. Riesgos tecnológicos.
   d. Riesgos causados por personas.

10. Defina mantenimiento preventivo.

El mantenimiento preventivo hace referencia al conjunto de operaciones que se realizan para prevenir el deterioro de los aparatos y materiales presentes en la instalación deportiva. Este se debe realizar de forma periódica con el objetivo de detectar pequeñas incidencias y evitar que desemboquen en la inutilización de la maquinaria presente en la sala.

11. Cite 5 adaptaciones necesarias para acondicionar cualquier instalación deportiva a personas con movilidad reducida.

- Buena comunicación con líneas de transporte público.
- Aparcamientos adaptados en función del tamaño de la instalación (1 por cada 40-50 plazas).
- Rebajes adecuados en las aceras y estar señalizadas correctamente por medio de paneles y señales informativas exteriores.
- Entrada principal accesible, si se encuentra elevada, debe poseer escalones y rampas, estas últimas con menos del 6 % de pendiente.
- Las puertas deben tener una apertura mínima de 1,20 m y deben ser de colores que destaquen respecto a su entorno. A ambos lados de las mismas debe existir un espacio adecuado para la realización de maniobras por parte de personas con movilidad reducida.
- El vestíbulo debe permitir la circulación de personas con movilidad reducida, no debe poseer menos de 1,5 m de diámetro.
- Las discontinuidades del pavimento nunca excederán los 6 mm.
- Mostradores con dos alturas 1,10 m y 0,80 m, y espacio debajo de los mismos para que puedan acceder personas con sillas de ruedas.
- La iluminación y el contraste han de ser suficientes para que personas con deficiencias visuales puedan detectarlo.
- No deben existir mamparas de cristal, ya que dificultan la audición y crean dificultades visuales por reflejos.
- Material deportivo utilizado adaptado a las medidas antropométricas de estos individuos con el objetivo de garantizar la seguridad y la efectividad de su uso.

12. La evacuación en casos de emergencia viene regulada a través de:

a. Decreto Básico de Seguridad en caso de Incendio.
b. Decreto Básico de Seguridad de Utilización y Accesibilidad.
c. Código Técnico de la Edificación (CTE).
d. Todas las opciones son correctas.

13. Ordene las siguientes fases para la implantación del plan de mantenimiento:

2. Definir política de mantenimiento.
3. Establecer y definir las necesidades de mantenimiento.
5. Implantación y difusión del plan de mantenimiento.
1. Análisis de la situación actual (Auditoria).
4. Recopilar y ordenar los datos.
7. Readaptación del sistema hacia la mejora continua.
6. Analizar y evaluar los resultados.

14. De la siguiente afirmación, diga si es verdadera o falsa:

El Real Decreto 524/2023, de 20 de junio, por el que se aprueba la Norma Básica de Protección Civil, tiene como objetivo ordenar las funciones del personal de protección civil durante la celebración de competiciones deportivas.

☐ Verdadero
☑ **Falso**

15. Complete la siguiente tabla:

MANTENIMIENTO PREVENTIVO EN MOBILIARIO Y ACCESORIOS	
Tarea	Frecuencia
Barrido, limpieza de polvo, vaciado de papeleras, limpieza cristales en zonas de acceso, eliminación pintadas, retirada de carteles	**Diaria**
Fregado de todas las dependencias, aspiración moquetas y alfombras	**Cada dos días**
Limpieza de repisas, mobiliario urbano, cuidado de plantas si existieran	**Semanal**
Abrillantado de elementos metálicos, limpieza paredes y suelos aseos, barrido y fregado de patios	**Mensual**
Limpieza de carpintería metálica, persianas, tratamientos contra insectos	**Trimestral**

Continúa en página siguiente >>

<< Viene de página anterior

MANTENIMIENTO PREVENTIVO EN MOBILIARIO Y ACCESORIOS	
Tarea	Frecuencia
Abrillantado de pavimentos, lavado y desinfección toldos, cortinas, moquetas	**Anual**
Limpieza y desinfección	**Diaria**
Comprobación y estabilidad anclajes	**Mensual**
Comprobación partes móviles	**Semestral**
Revisión secamanos	**Según fabricante**

Solucionario Capítulo 5

1. ¿Qué son los principios de la efectividad del plan?

Los principios de la efectividad del plan hacen referencia al conjunto de medidas que son establecidas previamente a cualquier situación de emergencia, y que están encaminadas a la consecución del éxito del plan de emergencia.

2. Cite al menos 4 objetivos específicos del plan de emergencia

- Identificar las amenazas a las que está expuesta la instalación deportiva.
- Evaluar el nivel de riesgo.
- Analizar la vulnerabilidad ante emergencias y desastres de la SEP.
- Conocer si se incumple alguna normativa dentro de la SEP.
- Eliminar o corregir las causas que puedan dar lugar a una situación de emergencia.
- Proteger la vida de los posibles afectados.
- Reducir las pérdidas materiales y humanas durante la situación de emergencia.
- Elaborar procedimientos de actuación para mejorar la atención frente a las emergencias.
- Poseer personal cualificado para la atención de las emergencias.
- Realizar periódicamente simulacros para estar preparados para cualquier evento inesperado.
- Instalar medios de detección que permitan transmitir la señal de alarma de la forma más rápida posible con el fin de reducir el tiempo de la evacuación de las personas.

3. Señale la respuesta incorrecta. Según la gravedad de la emergencia se pueden dividir en...

a. ... conato de emergencia.
b. ... conato parcial.
c. ... emergencia parcial.
d. ... emergencia general.

4. **De la siguiente afirmación, diga si es verdadera o falsa:**

Según la disponibilidad de los medios humanos, las emergencias se pueden dividir en horario laboral, nocturna, festiva, vacacional.

☑ **Verdadero**
☐ Falso

5. **Complete el siguiente texto.**

Las emergencias son **situaciones** que ocurren de forma **inesperada** y que afectan al funcionamiento **normal** de la instalación, pudiendo generar **daños** tanto en los **recursos humanos** como **materiales,** a la vez que **desestabilizan** la estructura social y **económica** implicada.

6. **¿Qué documento deben cumplir los materiales de extinción contra incendios?**

a. Documento Básico contra Incendios.
b. Real Decreto de Autoprotección.
c. Decreto Básico contra Fuegos.
d. Código Técnico de la Edificación.

7. **¿Cuál de los siguientes sistemas de detección no existe?**

a. Detectores iónicos
b. Detectores magnéticos
c. Detectores térmicos
d. Detectores de humos

8. **¿Qué elementos debe contener el plan de autoprotección?**

El plan de autoprotección debe recoger todo el conjunto de acciones y medidas establecidas por los responsables de la instalación, medios y recursos destinados a manejar y prevenir los riesgos que puedan afectar a personas y bienes.

9. ¿Qué tiempo mínimo de autonomía debe tener la batería del ascensor de emergencia?

a. 20 minutos
b. 40 minutos
c. 60 minutos
d. 80 minutos

10. Defina punto de encuentro.

Es aquella zona donde se deben ubicar personal y usuarios de la instalación al realizar la evacuación. Debe encontrarse alejado al menos 100m de la zona de peligro y 20 m de estructuras con riesgo de caída, no debe implicar grandes desplazamientos, ni ubicarse en zonas que puedan entorpecer la acción de los equipos de emergencias y estar libre de peligros como líneas eléctricas, depósito de combustibles, etc.

11. ¿Cuál es el objetivo principal del equipo de emergencias?

Evitar que se reúnan las condiciones que pudieran ocasionar cualquier tipo de siniestro.

12. Relacione:

a. Equipos de primera intervención.
b. Equipos de primeros auxilios.
c. Equipos de alarma y evacuación.
d. Equipos de segunda intervención.
e. Jefe de emergencia.
f. Jefe de intervención.

b. Encargados de aplicar los primeros auxilios a los lesionados durante una emergencia hasta la llegada de las asistencias médicas.
a. Son los encargados de intentar controlar la emergencia en un primer instante.
d. Este equipo es más especializado que el de primera intervención en agentes de extinción de fuegos y debe conocer de forma exhaustiva el plan de emergencias.
e. Es la máxima autoridad dentro de la instalación durante la situación de emergencia.

f. Dirige las operaciones de extinción desde el punto de emergencia y ejecutará las órdenes recibidas por el jefe de emergencia.
c. Se encargan de activar la señal de alarma y preparar y coordinar la evacuación.

13. ¿Qué organismo o grupo de personas son los encargados de rellenar la hoja de confirmación de la evacuación?

Centro de Control.

14. De la siguiente afirmación, diga si es verdadera o falsa:

Los simulacros deben incluirse en todo plan de autoprotección, ya que su realización tiene como objetivos verificar y comprobar que todo lo redactado en el mismo pueda aplicarse en todas las situaciones de alerta, independientemente del tipo de emergencia del que se trate.

☑ **Verdadero**
☐ Falso

15. Enumere los tipos de evacuación en función del tipo de riesgo asociado.

Evacuación preventiva, de emergencia, parcial y total.

Solucionario 7

Dirección y dinamización de actividades de entrenamiento en sala de entrenamiento polivalente

Solucionario Capítulo 1

1. **Elija los principales cambios físicos que aparecen en las etapas de niñez y preadolescencia (6 a 12 años) relevantes en la práctica de actividades físicas y de ocio:**

    - **Crecimiento de talla entre 5 y 8 centímetros.**
    - **Aumento de peso.**
    - Desarrollo sensoriomotor.
    - **Pérdida de dientes de leche.**
    - Desarrollo del pensamiento lógico.
    - **Aumento de la fuerza, la resistencia y la flexibilidad.**
    - Perfeccionamiento de la coordinación y control postural.
    - **Desarrollo del cerebro.**

2. **¿Cuáles son las etapas del desarrollo psicológico según Piaget?**

Etapa sensorio-motriz (0-2 años)	**Etapa preoperacional (2-7 años)**	**Etapa de las operaciones concretas (7-12 años)**	**Etapa de las operaciones formales (desde los 12 años)**
En esta etapa, los niños manifiestan un comportamiento egocéntrico y se relacionan con el mundo a través de los sentidos y los juegos de imitación. Aparece también la conducta intencional y se empieza a ser consciente de la existencia permanente de los objetos.	En esta etapa aparece la capacidad de representar mentalmente los movimientos. Los niños, también son capaces de utilizar herramientas mentales como los números o las imágenes y desarrollan el pensamiento intuitivo.	En esta etapa se empiezan a utilizar las operaciones mentales y la lógica, lo que permite abordar los problemas desde un enfoque más constructivo entendiendo la realidad. El pensamiento deja de ser tan egocéntrico y es cada vez más flexible.	En esta etapa, los niños son capaces de usar la lógica para llegar a conclusiones. También desarrollan el pensamiento hipotético-deductivo, y tienen la capacidad para pensar en múltiples factores, tienen un pensamiento adulto.

3. Relacione las etapas de desarrollo de la personalidad con sus características.

a. Primeros momentos
b. Infancia
c. Pubertad y adolescencia
d. Adultez
c. Esta es una etapa crucial para el desarrollo de la personalidad. Está condicionada por los cambios físicos y hormonales.
d. Es la etapa en la que se consolida la personalidad, que podrá ser modificada por acontecimientos o experiencias importantes.
a. Desde los primeros meses del nacimiento, los niños ya muestran un determinado temperamento relacionado con el carácter.
b. En esta etapa se empiezan a consolidar los valores y las normas del entorno que condicionarán la personalidad.

4. Enumere los elementos que analiza la psicología de grupo.

- La motivación de los miembros de grupo
- La comunicación grupal
- La organización del trabajo grupal
- La aparición de conflictos grupales

5. ¿Qué factores serán necesarios para qué se produzca una consolidación de grupo en un contexto deportivo?

- **El tamaño y la composición del grupo**
- La participación de los individuos
- **Las características individuales de los individuos**
- **La estructura del grupo**
- Los intereses de los miembros
- **Los criterios existenciales del grupo**
- Los logros del grupo
- **El ambiente de grupo**

6. ¿Qué se entiende por grupo de referencia?

a. Es un conjunto de personas que se identifican consigo mismas. Presentan una serie de características, motivaciones e intereses comunes.

b. Son aquellos grupos que sirven para guiar las conductas y actitudes de las personas.

c. Es un grupo que se crea con un carácter colectivo y unos fines individuales muy delimitados, normalmente organizados por una o varias personas que realizan la labor de *coaches* o entrenadores, bajo la denominación habitual de equipo deportivo.

d. Todas las opciones son incorrectas.

7. ¿Qué beneficios tiene la práctica deportiva en la mejora de la salud mental?

- Aparición de sentimientos de bienestar
- Alivio de la ansiedad
- Mejora de la autoestima
- Potenciación de las relaciones sociales
- Prevención del deterioro cognitivo

8. Relacione las necesidades sociales y personales en función de su etapa evolutiva.

a. Autonomía
b. Competencias
c. Expresión personal
d. Interacción social

d. Las personas necesitan mantener y mejorar las relaciones sociales y la interacción con otras personas con intereses y motivaciones comunes.

c. Las actividades físicas y deportivas también favorecen la expresión de un gran número de sentimientos y de emociones, que permiten desarrollar en las personas sus necesidades de expresión corporal.

b. Las personas también necesitan sentirse integradas dentro de uno o de varios grupos. Las actividades físicas y deportivas son una buena opción para estimular las competencias de las personas, mejorando a su vez también la autoestima.

a. Las personas necesitan sentirse participes y responsables de su propio crecimiento personal. Para ello, es importante el fomento de la socialización participativa y de las actitudes que contribuyen a la autonomía personal.

9. **¿Qué teoría de la conducta explica la influencia del aprendizaje social en la determinación del valor de la meta y las expectativas de alcanzarla?**

Es la teoría cognoscitiva social (McClelland y Pilon, 1983).

10. **¿Cuáles son las estrategias más utilizadas para disminuir o eliminar la aparición de actitudes incívicas o peligrosas durante la práctica de actividades de acondicionamiento físico en sala de entrenamiento polivalente?**

Las estrategias son estas:

- Reconocimiento de las características de los usuarios
- Establecimiento de acuerdos grupales
- Utilización de refuerzo positivo
- Establecimiento de normas claras
- Reparto de la atención entre los usuarios

11. **Según la sociología del *fitness*, ¿qué motiva a las personas a realizar regularmente actividades de acondicionamiento físico en salas de entrenamiento polivalente?**

Los motivos son los siguientes:

- **Mantenimiento y mejora de la condición física**
- **Reducción de peso y reconstitución de la composición corporal**
- Prevención de enfermedades cardíacas
- **Entretenimiento y diversión**
- **Socialización y mejora de relaciones sociales**
- **Cuidado de la salud y prevención de lesiones**
- Cuidado cuerpo-mente
- Mejora de la autoestima

12. **¿Qué se entiende por riesgo tolerable?**

a. Se asume que durante las actividades en SEP pueden darse situaciones de riesgo difíciles de controlar, por ello se debe reforzar la seguridad.

b. Se entiende que las actividades en SEP presentan un riesgo residual tras tomar las medidas preventivas adecuadas.

c. Las probabilidades de que aparezca un accidente durante las actividades en SEP son importantes. En tal caso es necesario suspender las actividades.
d. Todas las opciones son incorrectas.

13. Relacione las cinco etapas del modelo general del cambio de las personas con la participación en actividades de entrenamiento en SEP:

a. Etapa de precontemplación
b. Etapa de contemplación
c. Etapa de preparación
d. Etapa de acción
e. Etapa de mantenimiento

a. La persona no realiza actividades en SEP ni contempla hacerlas a corto plazo.
b. La persona es consciente de que tiene un estilo de vida sedentario y se plantea realizar actividades en SEP.
e. La persona ya tiene un hábito definido de práctica de actividad física y empieza a notar una mejora en su salud física.
d. La persona ya ha decidido iniciar la realización de actividades en SEP y empieza a realizar los trámites necesarios.
c. La persona ya empieza a realizar regularmente actividades en SEP, aunque todavía no tiene un hábito definido.

14. ¿Qué aspectos se deben tener en cuenta para favorecer la participación de los usuarios en actividades de sala de entrenamiento polivalente?

- **Proponer nuevas actividades en SEP.**
- **Realizar sesiones de evaluación a los usuarios.**
- Proponer juegos.
- Incluir música.
- Rotar a los instructores.
- **Asesorar a los usuarios en la elección de las actividades.**
- **Llevar a cabo dinamización en las actividades SEP.**
- Realizar competiciones.
- Dar premios.
- **Facilitar comunicación específica sobre las actividades.**

15. ¿Qué se entiende por proceso de socialización?

Posibles respuestas:

- Es el proceso a través del cual una persona va a adquiriendo la cultura de una sociedad.
- Es el proceso de adaptación de una persona a la sociedad.

Solucionario Capítulo 2

1. **¿Qué principios del entrenamiento se deben tener como referencia durante la realización de actividades en SEP?**

    a. Principio de la individualidad
    b. Principio de la reversibilidad
    c. Principio de la sobrecarga progresiva
    d. Todas las opciones son correctas.

2. **¿Cuáles son las principales manifestaciones de la fuerza para la realización de actividades de entrenamiento en SEP?**

    - Fuerza máxima
    - Fuerza explosiva
    - Fuerza resistencia

3. **Relaciona los test con las diferentes cualidades físicas.**

    a. Test de RM
    b. Test de bioimpedancia
    c. Test de amplitud de movimiento
    d. Test de Cooper
    a. Evaluación de la fuerza máxima
    b. Evaluación de la composición corporal
    c. Evaluación de la flexibilidad y del ROM
    d. Evaluación de la resistencia cardiovascular

4. **Indica si la siguiente oración es verdadera o falsa: "La variación del entrenamiento se relaciona con la necesidad de modificar periódicamente los estímulos de entrenamiento, utilizando diferentes sistemas y métodos, con el objetivo de generar procesos de supercompensación relacionados con la mejora de la fuerza y de la condición física".**

    ☑ **Verdadero**
    ☐ Falso

5. **Enumera los ejercicios recomendados para el calentamiento de las actividades de entrenamiento en SEP.**

- Ejercicios de resistencia cardiovascular de intensidad media
- Ejercicios de movilidad articular
- Estiramientos dinámicos para aumentar la activación muscular y la coordinación específica
- Ejercicios generales de fuerza

6. **Señala los principales desequilibrios musculares que aparecen durante la realización de actividades de entrenamiento en SEP.**

a. Debilidad de la musculatura extensora de rodilla
b. Debilidad de la musculatura extensora de raquis
c. Debilidad de la musculatura abdominal
d. Exceso de tono muscular en el bíceps

7. **¿Qué se entiende por contracción muscular isométrica?**

a. Cuando la fuerza producida no puede vencer la resistencia, y no se produce cambio en la longitud del músculo ni se observa ningún movimiento
b. Cuando se produce un movimiento externo observable
c. Cuando aparecen contracciones musculares dinámicas realizadas a una velocidad constante
d. Cuando se produce una carga intensa, seguida de un rápido estiramiento del músculo y de sus estructuras tendinosas

8. **Indica si la siguiente oración es verdadera o falsa: "Uno de los objetivos principales de las actividades de entrenamiento en SEP es el desarrollo de los grandes grupos musculares del torso, del tren superior e inferior".**

☑ **Verdadero**
☐ Falso

9. Señala los principales métodos estáticos para el desarrollo de la flexibilidad y el ADM en la SEP:

a. *Stretching* activo
b. *Stretching* pasivo
c. Método balístico
d. Facilitación neuromuscular propioceptiva

10. Nombra cinco ejercicios básicos de fuerza para la realización de actividades de entrenamiento en SEP.

- *Press* de banca
- Dominadas
- *Press* militar
- Sentadilla
- Peso muerto

11. Relaciona los diferentes periodos de tiempo con las estructuras de periodización del entrenamiento.

a. 8 a 20 semanas
b. 4 a 6 semanas
c. 3 a 14 días
a. Macrociclo
b. Mesociclo
c. Microciclo

12. Indica si la siguiente oración es verdadera o falsa: "Las pautas de recuperación representan el número de series y la intensidad de los ejercicios durante la realización de actividades de entrenamiento en SEP".

☐ Verdadero
☑ **Falso**

13. La velocidad de ejecución describe...

a. ... el tiempo que debe durar cada una de las fases del movimiento.
b. ... la intensidad del entrenamiento de la fuerza durante la realización de actividades de entrenamiento en SEP.
c. ... la longitud de las palancas de los ejercicios realizados en SEP.
d. ... la cantidad de trabajo realizado en cada una de las repeticiones y de las series del ejercicio.

14. Nombra los tres principales componentes de la carga de entrenamiento durante la realización de actividades de entrenamiento en SEP.

- Intensidad
- Volumen
- Densidad

15. Enumera los principales beneficios de la prescripción de fuerza en los programas de acondicionamiento físico en SEP.

- Mejora en la condición física.
- Adaptaciones nerviosas y endocrinas.
- Eficiencia del gesto técnico.
- Aumento del gasto energético.

Solucionario Capítulo 3

1. **¿Cuáles son las principales funciones de los técnicos deportivos relacionados con la atención al cliente?**

    a. Asesoramiento técnico
    b. Cobro de las cuotas
    c. Acompañamiento emocional
    d. Diseño y supervisión de los programas de entrenamiento

2. **¿Cuáles son los principales aspectos que tener en cuenta para concretar y organizar las sesiones a partir del programa de entrenamiento de referencia?**

    - Objetivos generales y específicos de la sesión
    - Tiempo disponible para la sesión
    - Recursos humanos y materiales disponibles
    - Características de las instalaciones y de los usuarios

3. **Relaciona las diferentes capacidades físicas:**

    a. Cualidades físicas básicas o condicionales
    b. Cualidades motrices o coordinativas
    c. Cualidades derivadas

    a. Fuerza, resistencia, flexibilidad y velocidad
    c. Potencia y agilidad
    b. Equilibrio, coordinación, percepción espacio temporal y kinestésica

4. **Indica si la siguiente oración es verdadera o falsa: "Aunque durante la realización de actividades de entrenamiento en SEP por lo general se trabajan la mayoría de estas cualidades, también será necesario la interpretación del programa de entrenamiento de referencia".**

    ☑ **Verdadero**
    ☐ Falso

5. **Enumera los 3 indicadores principales que han de tenerse en cuenta para la evaluación de la fuerza para llevar a cabo los controles de los niveles de los componentes de la condición física.**

   Esos tres indicadores son:

   1. RM
   2. Escala de esfuerzo percibido (RPE)
   3. Evaluación de la velocidad de ejecución

6. **Señala los principios metodológicos fundamentales para la realización de actividades de entrenamiento en SEP.**

   - Principio de la especificidad
   - **Principio de la calidad**
   - **Principio de la seguridad**
   - Principio de la supercompensación
   - **Principio de la eficiencia**
   - **Principio de la accesibilidad**
   - **Principio de la variedad**

7. **¿Qué nombre reciben las entrevistas breves de los técnicos deportivos a los usuarios al inicio de una sesión de entrenamiento?**

   a. Entrevista relámpago
   b. Entrevista grupal
   c. Entrevista técnica
   d. Presentación individual

8. **Indica si la siguiente oración es verdadera o falsa: "Una vez realizadas las actividades de introducción a las sesiones de entrenamiento en SEP, es necesario desarrollar la sesión. Para ello, se suele dividir la sesión en una serie de bloques o partes (calentamiento, parte principal y vuelta a la calma), donde se incluyen unos contenidos específicos asociados a los objetivos principales de la sesión".**

   ☑ **Verdadero**
   ☐ Falso

9. Señala los sistemas de instrucción más utilizados para la realización de actividades de entrenamiento en SEP.

a. Explicación teórica
b. *Feedback*
c. Acompañamiento pasivo
d. Demostraciones

10. Nombra cinco beneficios de la intervención, dirección y dinamización de las sesiones de entrenamiento en SEP.

1. La motivación hacia la realización de actividades en SEP
2. El compromiso con los objetivos de la sesión
3. La adherencia al ejercicio
4. El logro de los objetivos individuales de los usuarios
5. La satisfacción de los usuarios

11. Relaciona los roles de los técnicos deportivos con los diferentes momentos de la sesión de entrenamiento en SEP.

a. Rol iniciador
b. Rol dinamizador
c. Rol evaluador

c. Al final de la sesión de entrenamiento
a. Al inicio de la sesión de entrenamiento
b. Una vez iniciada la sesión de entrenamiento

12. Indica si la siguiente oración es verdadera o falsa: "El liderazgo autoritario se considera el más eficaz para la realización de actividades de entrenamiento en SEP, ya que permite que los técnicos deportivos determinen el funcionamiento general y las normas de las actividades con la colaboración con otras personas".

☐ Verdadero
☑ **Falso**

13. ¿Cuál es una de las técnicas de comunicación más utilizadas por los técnicos deportivos para la dinamización de sesiones de entrenamiento en SEP?

a. Diálogo
b. Monologo
c. *Braille*
d. Tormenta de ideas

14. Nombra los principales tipos de habilidades sociales y personales para la dinamización de actividades de entrenamiento en SEP.

- Habilidades sociales básicas
- Habilidades sociales avanzadas
- Habilidades relacionadas con los sentimientos
- Habilidades de planificación

15. Enumera la información que suele incluirse para la presentación del profesional al inicio de las sesiones de entrenamiento en SEP.

- Objetivos de la sesión
- Duración de la sesión
- Características de la sesión
- Métodos y sistemas de entrenamiento
- Expectativas y normas

Solucionario Capítulo 4

1. **¿Cuáles son los beneficios de la valoración funcional para las personas que realizan habitualmente actividades de entrenamiento SEP?**

    - La evolución en el desarrollo de actividades de entrenamiento SEP.
    - **La obtención de datos de interés para las sesiones de entrenamiento.**
    - **La comparación de resultados obtenidos diferentes evaluaciones.**
    - **La evaluación del estado de salud y condición física del cliente.**
    - La visualización de los resultados físicos obtenidos.
    - **La adquisición de conocimiento técnico especializado.**
    - **El incremento de la automotivación hacia el entrenamiento.**
    - La visibilidad comercial de los resultados obtenidos al practicar actividades de entrenamiento SEP.

2. **Organiza la evaluación de los programas de entrenamiento SEP.**

    a. Valoración del estado de salud
    b. Valoración de la corporal
    c. Valoración de la condición física

    c. El estudio de la composición corporal y la determinación de los componentes principales que constituyen el cuerpo humano o somatotipo es un aspecto básico de la evaluación de los programas de entrenamiento en SEP.
    a. La evaluación de la condición física es necesaria para poder ajustar e individualizar las actividades de entrenamiento en SEP.
    b. Es necesario realizar una evaluación periódica del estado de salud de las personas que realizan actividades de entrenamiento en SEP para poder detectar la presencia de factores de riesgo o enfermedades que pudieran poner en peligro la integridad de la persona durante el entrenamiento.

3. **¿Qué información se debe analizar en los cuestionarios de salud?**

    Deben recoger información sobre el estado general de salud de las personas, identificando los principales factores de riesgo asociados a las enfermedades cardiovasculares y metabólicas (hipertensión, diabetes, sobrepeso, sedentarismo, etc.).

4. ¿Cómo se evalúan las principales manifestaciones de la fuerza en SEP?

Se evalúan haciendo estas pruebas:

- Valoración isométrica de la fuerza
- Valoración de la RM
- Test isocinéticos

5. Alguno de los test principales para la evaluación de la flexibilidad en SEP son:

a. Valoración visual del rango de movimiento, flexión activa del tronco y análisis metabólico
b. Valoración visual del rango de movimiento, flexión activa del tronco y evaluación con goniometría
c. Test de Cooper, flexión activa del tronco y evaluación con goniometría
d. Todas las opciones son correctas.

6. ¿Qué tipo de prueba se describe a continuación: "Esta prueba consiste en medir mediante el uso de un goniómetro los grados de movimiento de las principales articulaciones del aparato locomotor, buscando posibles limitaciones en algunos de estos movimientos relacionados con acortamientos o desbalances musculares en el tren superior o inferior"?

Es la evaluación con goniometría usada para valorar la flexibilidad en SEP.

7. ¿Cuándo suelen programarse los controles de evaluación de la condición física de las personas que realizan actividades de entrenamiento en SEP?

1. Al inicio del programa de entrenamiento
2. Al finalizar un macrociclo de entrenamiento
3. En periodos de volumen alto de entrenamiento

8. Indica si la siguiente oración es verdadera o falsa: "La periodicidad de los controles dependerá en gran medida del contexto de entrenamiento, de las características de los usuarios y también de los recursos humanos y materiales disponibles para la realización de protocolos de evaluación en la instalación".

- ☑ **Verdadero**
- ☐ Falso

9. Define el *feedback* intrínseco y extrínseco.

- Intrínseco (interno): cuando proviene de la misma persona que realiza el ejercicio, a través de análisis de sus sensaciones propias y de la información que le proporcionan sus receptores propioceptivos.
- Extrínseco (externo): cuando es otra persona (normalmente el técnico deportivo encargado de la actividad) la que ofrece esta información a la persona que realiza el ejercicio.

10. Nombra los 4 tipos de *feedback* más utilizados durante la realización de actividades de entrenamiento en SEP.

Son estos:

- *Feedback* visual
- *Feedback* auditivo
- *Feedback* verbal
- *Feedback* kinestésico

11. Indica los errores más habituales que se suelen dar durante la realización de los ejercicios en una SEP:

- **Exceso en la carga de los ejercicios.**
- Exceso en la duración de los ejercicios.
- **Realización incorrecta de los ejercicios.**
- **Uso inadecuado de los materiales.**
- Mantenimiento inadecuado de los equipamientos.
- **Colocación errónea de los equipamientos.**
- Amplitud de movimientos inadecuados.
- **Rango de movimientos inadecuados.**

12. ¿En qué situaciones se debe aplicar *feedback* suplementario para la realización de actividades de entrenamiento SEP?

- Presencia de usuarios menores de edad.
- **Presencia de usuarios con poca experiencia en la instalación.**
- **Áreas con gran presencia de usuarios.**
- **Zonas donde se realizan ejercicios con peso libre.**
- Organización especial de actividades en SEP.
- Incorporación de nuevos ejercicios al programa de entrenamiento en SEP.
- **Asistencia de grupos especiales a las zonas de entrenamiento.**
- **Zonas de la instalación con obras o presencia de otros peligros.**

13. Indica si la siguiente oración es verdadera o falsa: "Será responsabilidad del personal de mantenimiento el establecimiento de los procedimientos de control del uso de las máquinas y materiales de una sala de entrenamiento polivalente".

☐ Verdadero
☑ **Falso**

14. En la evaluación del programa de entrenamiento SEP, ¿cuáles son las diferencias entre evaluación del proceso y evaluación del resultado?

La evaluación del proceso se centra en el análisis del desarrollo de las actividades de entrenamiento en SEP a nivel metodológico. También, analiza la dinámica de realización de los ejercicios y otros aspectos relacionados con la dinamización de las sesiones de entrenamiento.

La evaluación del resultado se orienta en analizar el grado de consecución de los objetivos previstos en el programa de entrenamiento y otros beneficios derivados de la realización de actividades de entrenamiento en SEP.

15. **Indica si la siguiente oración es verdadera o falsa: "En primer lugar, la evaluación periódica de la fuerza y de la resistencia cardiovascular va a permitir que los técnicos deportivos puedan ajustar la intensidad y el volumen de los ejercicios propuestos en el programa de entrenamiento, también otros aspectos vinculados a la recuperación y densidad del entrenamiento, evitando la aparición de situaciones de fatiga crónica y sobrentrenamiento".**

    ☑ **Verdadero**
    ☐ Falso

Solucionario Capítulo 5

1. **¿Cuáles son los principales estilos de vida?**

    - **Estilo de vida saludable**
    - **Estilo de vida no saludable**
    - **Estilo de vida materialista**
    - Estilo de vida restringido
    - Estilo de vida emocional
    - **Estilo de vida activo**

2. **¿Cuáles son los componentes principales de la salud de las personas?**

    - Salud física
    - Salud mental
    - Saludos social

3. **Relacione las diferentes conductas protectoras de la salud.**

    a. Cuidado de la alimentación
    b. Ausencia de consumo de alcohol y tabaco
    c. Realización de actividad física

    <u>a.</u> Recomendaciones nutricionales RDA
    <u>b.</u> Prevención de la drogodependencia
    <u>c.</u> Realización de actividades de entrenamiento en SEP

4. **Indique si la siguiente oración es verdadera o falsa: "Los hábitos de higiene de las personas están directamente relacionados con la correcta limpieza de todas las partes del cuerpo y otros aspectos relacionados con la práctica de actividad física, la alimentación y el descanso principalmente".**

    ☑ **Verdadero**
    ☐ Falso

5. **Enumere los macronutrientes de una dieta:**

   1. Hidratos de carbono
   2. Grasas
   3. Proteínas

6. **Indique las que sean vitaminas hidrosolubles.**

   - Vitamina K
   - **Vitamina C**
   - Vitamina A
   - **Vitamina B5**
   - **Vitamina B12**

7. **¿Qué son el calcio, el fósforo y el magnesio?**

   a. **Macrominerales**
   b. Microminerales
   c. Electrolitos
   d. Macronutrientes

8. **Indique si la siguiente oración es verdadera o falsa: "La mayoría de los expertos coinciden en destacar también los beneficios de la denominada dieta mediterránea típica de países como Grecia y España para la reducción del riesgo de enfermedades cardiovasculares y metabólicas".**

   ☑ **Verdadero**
   ☐ Falso

9. **Señale las conductas de riesgo para la salud física o mental de las personas.**

   - **Consumo de tabaco**
   - **Consumo de anfetaminas**
   - Descanso activo
   - **Consumo de alcohol**

10. Nombre tres beneficios de la práctica de actividades físicas y deportivas para la salud de las personas según la ACSM.

1. Mejora de la función cardiorrespiratoria
2. Reducción de los factores de riesgo coronarios
3. Disminución de la mortalidad y de la morbilidad

11. Relacione los tipos de descanso-recuperación con la descripción:

a. Recuperación intrasesión
b. Recuperación intercesión
c. Recuperación activa

a. Es el tiempo de descanso que se aplica durante la sesión de entrenamiento, normalmente entre ejercicios y entre series.
b. Es el tiempo de descanso que transcurre entre la finalización de una sesión de entrenamiento y el inicio de otra.
c. Se realizan ejercicios de baja intensidad para favorecer la recuperación.

12. Indique si la siguiente oración es verdadera o falsa: "La calidad de vida de las personas se valora exclusivamente a través de la realización de entrevistas genéricas, en las que se tratan asuntos relacionados con hábitos, entorno e historia de vida".

☐ Verdadero
☑ **Falso**

13. ¿Cuál es una ayuda psicológica para la realización de sesiones de entrenamiento en SEP?

a. Sesiones de *coaching*
b. Masaje relajante
c. Uso de suplementos deportivos
d. Dietas especiales

14. Nombre los principales tipos de suplementos deportivos reconocidos por la *Society of Sport Nutrition* (ISSN).

Los principales tipos son:

- Proteínas de leche
- Creatina
- Aminoácidos
- Prohormonales
- Carbohidratos

15. Enumere las principales ayudas fisiológicas para la realización de actividades de entrenamiento en SEP.

1. Las ayudas nutricionales y las dietas especiales.
2. Los masajes de recuperación.
3. La relajación y la descarga articular.
4. Los baños de contraste e hidromasaje.

Solucionario Capítulo 6

1. **¿Qué nombre reciben los ajustes temporales de los sistemas fisiológicos durante la actividad física y deportiva?**

   Reciben el nombre de respuesta fisiológica.

2. **El proceso de recuperación debe:**

   a. Recuperar la frecuencia cardiaca, la frecuencia respiratoria y los niveles de glucemia entre otros.
   b. Iniciar la respuesta fisiológica ante la actividad física.
   c. Aumentar los niveles de oxígeno.
   d. Modular la respuesta del sistema endocrino al ejercicio, regulando los niveles hormonales de cortisol, adrenalina y testosterona principalmente.

3. **Relaciona los medios y métodos de recuperación orientados a acelerar los procesos de recuperación durante y después de la realización de actividades de entrenamiento en SEP con su definición:**

   a. Medios físicos
   b. Medios fisiológicos
   c. Medios nutricionales
   d. Medios farmacológicos

   <u>d.</u> Utilizan la acción de algunos medicamentos para mediar la respuesta inflamatoria del ejercicio y otros procesos de interés durante la recuperación.
   <u>a.</u> Son técnicas que optimizan el proceso de recuperación, a través del uso de la termoterapia, la hidroterapia, etc.
   <u>c.</u> Consiste en la utilización de la alimentación para favorecer la recuperación, mediante el planteamiento de dietas especiales.
   <u>b.</u> Tratan de favorecer los procesos naturales del organismo vinculados a la recuperación utilizando medios físicos, nutricionales o farmacológicos.

4. Enumera los tres sistemas de producción de energía en función de las características del mismo:

1. Sistema anaeróbico aláctico
2. Sistema anaeróbico láctico
3. Sistema aeróbico

5. Enumera los macronutrientes de una dieta:

1. Hidratos de carbono
2. Grasas
3. Proteínas

6. Indica si la siguiente oración es verdadera o falsa: "La práctica continuada de actividades de entrenamiento en SEP provoca una serie de modificaciones en el funcionamiento individual e interacción de las vías metabólicas".

☑ **Verdadero**
☐ Falso

7. Se conoce como déficit o deuda de oxígeno...

a. ... al cociente entre el VO_2 consumido durante las actividades de entrenamiento en SEP y el que se hubiese consumido si desde el primer instante se hubiese alcanzado los valores de VO_2 requeridos por la intensidad del esfuerzo.
b. ... a la diferencia entre el VO_2 consumido durante las actividades de entrenamiento en SEP y el que se hubiese consumido si desde el primer instante se hubiesen alcanzado los valores de V requeridos por la intensidad del esfuerzo.
c. ... la diferencia entre el VO_2 consumido durante las actividades de entrenamiento en SEP y el que se hubiese consumido si no se hubiese realizado el entrenamiento.
d. ... el cociente entre el VO_2 consumido durante las actividades de entrenamiento en SEP y el que se hubiese consumido si no se hubiese realizado el entrenamiento.

8. **Señala las estrategias que habría que seguir para acelerar los procesos de recuperación de los niveles de mioglobina.**

- **El uso de medios físicos para la recuperación**
- La rehidratación con agua
- **La rehidratación con bebidas isotónicas**
- **La compresión localizada de áreas musculares**
- La aplicación de calor en determinadas articulaciones
- **El uso de analgésicos y antinflamatorios**
- La ingesta de hidratos de carbono
- **El uso de dietas especiales**

9. **El monohidrato de creatina es la forma más práctica para suplementar a una persona para la realización de actividades de entrenamiento en SEP de máxima intensidad, siguiendo algunos de los siguientes protocolos:**

a. Protocolo de carga superrápida: dosis de 30-35 g/día en 4 tomas durante 3 días.
b. Protocolo de carga rápida: dosis de 20-30 g/día en 4 tomas durante 5 días.
c. Protocolo de carga media: dosis de 10-15 g/día en una toma durante 3 semanas.
d. Protocolo de carga lenta: dosis de 3-5 g/día en una toma durante 4 semanas.

10. **Indica si la siguiente oración es verdadera o falsa: "La glucólisis anaeróbica es el proceso de catabolismo de la glucosa para la producción de energía durante la realización de ejercicio de alta intensidad. Este sistema permite una recuperación lenta del ATP, para mantener una intensidad de ejercicio elevada durante la realización de actividades de entrenamiento en SEP".**

☐ Verdadero
☑ **Falso**

11. **Relaciona los métodos para la recuperación de glucógeno muscular y hepático después de la realización de actividades de entrenamiento en SEP con su descripción:**

a. Ingesta de hidratos de carbono
b. Ingesta de proteínas
c. Uso de suplementación

b. Se recomienda consumir 0,2 a 0,4 gramos de proteínas por kilogramo de peso corporal por hora durante las 4 a 6 horas posteriores al ejercicio.
c. El uso de suplementos, como la creatina y la beta-alanina, pueden tener un efecto beneficioso sobre la recuperación del glucógeno.
a. Se recomienda consumir 0,5 a 1 gramo de carbohidratos por kilogramo de peso corporal por hora durante las 4 a 6 horas posteriores al ejercicio.

12. ¿Qué nombre reciba el tiempo de descanso que transcurre entre las sesiones de entrenamiento en SEP?

a. La recuperación postsesión
b. La recuperación intrasesión
c. La recuperación intersesión
d. La recuperación presesión

13. Indica si la siguiente oración es verdadera o falsa: "El masaje profundo se centra en la manipulación de algunos grupos musculares".

☐ Verdadero
☑ **Falso**

14. Nombra los métodos fisioterapéuticos utilizados por las personas que realizan actividades de entrenamiento en SEP.

Los métodos son los siguientes:

- Electroterapia
- Terapia de calor de penetración
- Iontoforesis
- Terapia de corriente dinámica
- Estimulación nerviosa eléctrica transcutánea
- Estimulación eléctrica muscular

15. Indica si la siguiente oración es verdadera o falsa: "La fisiología como ciencia especializada se encarga del estudio de los sistemas fisiológicos de referencia y de la explicación de los mecanismos responsables de estos sistemas durante la realización de actividades físicas y deportivas".

- ☑ **Verdadero**
- ☐ Falso

Solucionario Capítulo 7

1. ¿Qué nombre recibe la capacidad que tienen las personas para tomar decisiones, actuar y cuidar de sí mismas de manera independiente?

A eso se le llama autonomía personal.

2. La pérdida de autonomía personal por la edad puede estar provocada por:

a. Aparición de enfermedades crónicas
b. Jubilación
c. Peculiaridades de las personas mayores
d. Deterioro físico y cognitivo

3. Relaciona la definición con los tipos de apoyo:

a. Apoyo formal
b. Apoyo informal

a. Proviene de las personas más cercanas familiares, amigos y otros miembros de la comunidad que brindan ayuda desinteresada a estas personas. Pueden incluir medidas de ayuda para la realización de actividades cotidianas, para el transporte, apoyo emocional, etc.
b. Es proporcionado por organizaciones y agencias gubernamentales, incluyendo en ocasiones ayudas y prestaciones económicas de diferente cuantía que permiten el acceso de estas personas a servicios y oportunidades para participar plenamente en la sociedad.

4. Enumera algunos tipos de enfermedades y de lesiones que provocan reducción en la autonomía de las personas:

Estas son algunas enfermedades y lesiones:

- Artritis
- Enfermedades cardíacas
- Accidentes cerebrovasculares
- Fracturas óseas, tendinopatías y neuropatías

5. **Enumera los principales tipos de discapacidad con posibilidad de atención en una SEP.**

   Los principales tipos son:

   - Discapacidad física
   - Discapacidad intelectual

6. **Indique si la siguiente oración es verdadera o falsa: "La diversidad intelectual y física son aspectos inherentes a la condición humana. Ambas deben ser categorizadas para poder comprender entre otras las diferencias individuales intelectuales y físicas de las personas".**

   ☑ **Verdadero**
   ☐ Falso

7. **Las clasificaciones de discapacidad más utilizadas en un contexto deportivo son:**

   a. **Las establecidas por el Comité Paralímpico Internacional (IPC)**
   b. La Clasificación Internacional del Funcionamiento, de la Discapacidad y de la Salud (CIF)
   c. La Clasificación Internacional de Enfermedades (CIE)
   d. La Clasificación Internacional de Discapacidades, Deficiencias y Minusvalías (CIDDM)

8. **Señala los aspectos principales que tener en cuenta para la interpretación y dinamización de programas de entrenamiento para personas con diversidad funcional.**

   - **La diversión y el entretenimiento**
   - La contratación de personal especialista
   - **La promoción de hábitos saludables**
   - **La creación de un ambiente ameno**
   - El uso de interpretes de lengua de signos
   - **La igualdad de oportunidades**
   - La eliminación de actividades de entrenamiento en el medio acuático
   - **La inclusión**

9. Las ayudas técnicas para la realización de actividades de entrenamiento en SEP...

a. ... deben realizarla exclusivamente personal especialista.
b. ... son tareas de acompañamiento y guía que realizan habitualmente los técnicos encargados de llevar a cabo las actividades de entrenamiento en SEP, para que las personas con necesidades especiales y/o limitaciones en su autonomía personal puedan completar total o parcialmente los ejercicios propuestos.
c. ... utilizan diversos recursos tecnológicos (dispositivos móviles, tablets, ordenadores, etc.) para facilitar la realización de actividades de entrenamiento en SEP.
d. ... deben limitarse exclusivamente a algunos periodos del año.

10. Indique si la siguiente oración es verdadera o falsa: "La comunicación no es un aspecto clave para la realización de programas de entrenamiento en personas con necesidades especiales y/o limitaciones en su autonomía personal".

☐ Verdadero
☑ **Falso**

11. Relacione las técnicas de comunicación con la definición.

a. Escucha activa
b. Empatía
c. Uso de lenguaje no verbal
d. Resumen y parafraseo

__a.__ Esta técnica se basa en prestar una atención concentrada a la persona que está hablando, mostrando interés en la comunicación, mientras se mantiene el contacto verbal y se realizan preguntas relevantes, aportando retroalimentación.
__b.__ La técnica de la empatía es ponerse en lugar del otro. En este contexto se trataría de entender los sentimientos y emociones que sienten las personas con diversidad funcional mientras se transmiten mensajes de comprensión y apoyo.
__c.__ La comunicación no verbal sirve para transmitir información adicional a las personas, complementando en muchos casos al lenguaje oral.
__d.__ El uso de resúmenes y el parafraseo puede ayudar al entendimiento de los mensajes de una conversación a personas con diversidad funcional.

12. ¿Qué nombre reciben los recursos tecnológicos (dispositivos móviles, *tablets*, ordenadores, etc.) para facilitar la realización de actividades de entrenamiento en SEP?

a. **Ayudas tecnológicas**
b. Ayudas técnicas
c. Ayudas individuales
d. Ayudas para la discapacidad

13. Indique si la siguiente oración es verdadera o falsa: "En ocasiones será necesario realizar algunas adaptaciones en las actividades de entrenamiento en SEP, reduciendo la dificultad de estas o adaptando el volumen y la intensidad de los ejercicios propuestos".

☑ **Verdadero**
☐ Falso

14. Nombre las actividades que pueden incluirse dentro de los programas de entrenamiento para personas con diversidad funcional.

Esas actividades son:

- Actividades de entrenamiento en SEP
- Talleres
- Eventos

15. Indique si la siguiente oración es verdadera o falsa: "La diversidad física hace referencia a las diferentes habilidades de las personas para el procesamiento de la información y la toma de decisiones, incluyendo aspectos como el coeficiente intelectual, las habilidades cognitivas, la creatividad y la capacidad para la resolución de problemas entre otros".

☐ Verdadero
☑ **Falso**

Solucionario 8

Primeros auxilios

Solucionario Capítulo 1

1. **¿Cuál de los siguientes no es un objetivo primordial en la prestación de primeros auxilios?**

    a. Trasladar al lesionado a un lugar más calmado para que relate su versión de los hechos.
    b. Impedir el agravamiento de las lesiones.
    c. Conservar la vida del accidentado.

2. **¿Qué significa el acrónimo PAS?**

    a. Proteger-Avisar-Socorrer.
    b. Proteger-Atender-Socorrer.
    c. Prevenir-Avisar-Socorrer.

3. **¿Cuál de las siguientes respuestas supone un delito en primeros auxilios?**

    a. Vulneración del Código de Seguridad Laboral.
    b. Delito de irresponsabilidad civil.
    c. Denegación de auxilio.

4. **¿Qué medidas preventivas se deben tener en cuenta en la prevención de contagios y enfermedades en la prestación de auxilios?**

    a. Lavarse las manos al finalizar la intervención.
    b. Empleo de guantes y mascarilla.
    c. Todas las respuestas anteriores son correctas.

5. **El sistema neurológico es el encargado de...**

    a. ... la circulación nerviosa.
    b. ... la memoria y el pulso nervioso.
    c. ... la conciencia.

6. **El descenso de la frecuencia respiratoria por debajo de sus valores normales se denomina...**

   a. ... bradicardia.
   b. ... bradipnea.
   c. ... taquipnea.

7. **¿Qué puede significar la coloración cianótica del rostro de una víctima de un accidente acuático?**

   a. Hemorragia interna.
   b. Falta de oxígeno.
   c. Insolación.

8. **El contacto ocular, los gestos y la distancia espacial son aspectos propios de...**

   a. ... la comunicación no verbal.
   b. ... la comunicación verbal.
   c. ... ambos tipos de comunicación.

9. **¿Cuál de las siguientes respuestas no se corresponde con las características a nivel emocional de una víctima de accidente?**

   a. Culpabilidad.
   b. Ira y tristeza.
   c. Falta de autoconfianza.

10. **¿Cuáles son las tres autoinstrucciones por parte del socorrista ante una situación estresante de auxilio?**

   a. ¿Qué está pasando?, ¿qué puedo hacer? Y, ¿cómo lo hago?
   b. ¿Qué está pasando?, ¿quién me puede ayudar? Y, ¿cómo me puede ayudar?
   c. ¿Qué le ha pasado al lesionado?, ¿qué no debo hacer? Y, ¿cómo lo hago?

Solucionario Capítulo 2

1. **Los cuatro eslabones de la cadena de supervivencia son:**

   a. 1: activación precoz de la emergencia. 2: RCP precoz. 3: desfibrilación precoz. 4: cuidados avanzados precoces.
   b. 1: llamada al 112. 2: reanimación cardiopulmonar precoz. 3: desfibrilación externa semiautomática. 4: reanimación cardiopulmonar avanzada.
   c. Todas las respuestas anteriores son correctas.

2. **La maniobra frente-mentón se emplea para...**

   a. ... la apertura de la vía aérea.
   b. ... la hiperextensión del cuello.
   c. ... la compresión torácica.

3. **El acrónimo VOS significa...**

   a. ... Ver-Observar-Succionar.
   b. ... Ver-Oír-Servir.
   c. ... Ver-Oír-Sentir.

4. **Para comprobar el nivel de consciencia, ¿qué estimulación deberá administrar el socorrista a la víctima?**

   a. Gritarle, moverla bruscamente, abrirle los ojos, etc.
   b. No hacer nada hasta la llegada de los servicios de emergencias sanitarias.
   c. Hacerle preguntas, moverla ligeramente por los hombros, pellizcarle, etc.

5. **¿Cuándo se debe llamar al 112 para dar el aviso de emergencia?**

   a. Ante cualquier situación o estado anormal de salud de la víctima.
   b. Únicamente cuando la víctima no responde a la voz o al tacto del socorrista.
   c. Solo cuando la víctima se queja de dolor intenso en la columna y el pecho.

6. **En la RCP básica, la secuencia de ventilaciones y compresiones torácicas en lactantes es:**

   a. 5:30.
   b. 2:30.
   c. 30:2.

7. **¿Quién determina la aplicación de la descarga eléctrica en el uso del DEA/DESA durante la desfibrilación del accidentado?**

   a. El socorrista responsable, tras valorar la frecuencia cardíaca de la víctima.
   b. El propio DEA/DESA, después de analizar el ritmo cardíaco de la víctima.
   c. Exclusivamente el personal sanitario cualificado a su llegada al lugar del accidente.

8. **La colocación de una víctima en posición lateral de seguridad (PLS) se emplea...**

   a. ... cuando el accidentado recupera el pulso y la respiración.
   b. ... para evitar la aspiración de vómitos, en el caso en que estos se produjesen, por parte de la propia víctima.
   c. Todas las respuestas anteriores son correctas.

9. **¿En qué lateral del cuerpo se debe colocar un plano inclinado cuando se aplica RCP básica en una embarazada?**

   a. En el lado izquierdo.
   b. En el lado derecho.
   c. Está contraindicado la realización de esta maniobra en mujeres embarazadas.

10. **¿Qué finalidad tiene la ejecución de la maniobra de Heimlich?**

    a. La valoración de la respiración ante el estado inconsciente de la víctima.
    b. La desobstrucción de la vía aérea por cuerpo extraño.
    c. Sustituir a las compresiones abdominales en la administración de RCP.

Solucionario Capítulo 3

1. **Las letras del acrónimo ABC, en la valoración primaria de un accidentado, hacen referencia a...**

   a. ... ausencia de dolor, respiración y conciencia.
   b. ... vía aérea, respiración y pulso cardíaco.
   c. ... vía aérea, bradicardia y ciclo cardíaco.

2. **Los traumatismos craneoencefálicos pueden producir lesiones en...**

   a. ... el cuero cabelludo.
   b. ... el cráneo y el encéfalo.
   c. Todas las respuestas anteriores son correctas.

3. **¿Cuál de las siguientes actuaciones de socorro ante una fractura ósea es incorrecta?**

   a. Reducir la lesión.
   b. Comprobar la presencia de pulso en la extremidad.
   c. Inmovilizar la extremidad.

4. **Las contusiones en las que aparecen hematomas, quedando afectados vasos sanguíneos importantes, son:**

   a. Las de 1º grado.
   b. Las de 3º grado.
   c. Las de 2º grado.

5. **Ante la sospecha de una hemorragia interna, se debe colocar a la víctima...**

   a. ... en posición de Trendelemburg.
   b. ... en posición de lateral de seguridad.
   c. ... en posición de Fowler.

6. ¿Cuál de los siguientes signos y síntomas no es propio de una insolación?

a. Enrojecimiento de la piel.
b. Coloración cianótica de la piel.
c. Alteración de la visión.

7. Las quemaduras que afectan a la dermis y la epidermis son:

a. Las de 2º grado.
b. Las de 1º grado.
c. Las de 3º grado.

8. Ante una víctima de congelación se debe...

a. ... frotar la piel para que entre antes en calor.
b. ... cambiar la ropa mojada por otra seca.
c. ... sumergir las ampollas en agua caliente para que se revienten.

9. En el caso de una reacción alérgica por la picadura de un insecto, el socorrista...

a. ... aplicará un torniquete para evitar que el veneno del insecto se transporte por la circulación sanguínea.
b. ... administrará adrenalina indistintamente del consentimiento de la víctima.
c. ... ayudará a la víctima a autoadministrarse adrenalina.

10. Los ahogamientos en los que el bañista se encuentra inconsciente en el agua pero con respiración inestable son:

a. De grado 1.
b. De grado 2.
c. De grado 3.

Solucionario Capítulo 4

1. **La alteración anatómica que produce una pérdida funcional a nivel fisiológico o psicológico se conoce como...**

    a. ... discapacidad.
    b. ... deficiencia.
    c. ... minusvalía.

2. **La hipoacusia y la espina bífida son ejemplos de...**

    a. ... discapacidad sensorial.
    b. ... discapacidad física.
    c. Todas las respuestas anteriores son correctas.

3. **El número de asistencia sanitaria del sistema de emergencias francés es el...**

    a. ... 911.
    b. ... 15.
    c. ... 112.

4. **La previsión, la planificación y la rehabilitación de accidentes son funciones del cuerpo de...**

    a. ... Policía Municipal.
    b. ... Guardia Civil.
    c. ... Protección Civil.

5. **¿Cuál de las siguientes fases recae íntegramente sobre los servicios sanitarios en la coordinación de los cuerpos de emergencias?**

    a. Valoración.
    b. Movilización.
    c. Salvamento.

6. **¿Cuál de los siguientes parámetros es falso a la hora de clasificar la gravedad de los heridos de un accidente con múltiples víctimas?**

   a. Capacidad de andar.
   b. Existencia de signos vitales.
   c. Capacidad de deglución.

7. **¿Cuál de los siguientes es un método de triaje tetrapolar?**

   a. START
   b. SHORT
   c. Ninguna de las respuestas anteriores es correcta.

8. **El color que designa el menor grado de urgencia médica es el...**

   a. ... verde.
   b. ... rojo.
   c. ... amarillo.

9. **Aplicando el método de triaje SHORT, la víctima capaz de obedecer a órdenes sencillas recibe el color...**

   a. ... amarillo.
   b. ... azul.
   c. ... rojo.

10. **¿Con qué periodicidad se debe reevaluar a un accidentado que presenta una gravedad de nivel II?**

    a. Cada 10 minutos.
    b. Cada 15 minutos.
    c. Cada 20 minutos.